신은경의
차차차!

* 이 책은 방일영 문화재단의 지원을 받아 저술·출판되었습니다.

신은경의
차차차!
Challenge, Chance,
Change

신은경 지음

“
말을 바꾸면 인생이 바뀌고
세상이 바뀐다!
”

클라우드나인
CLOUD 9

스피치 차차차! 인생 차차차!

더 나은 삶을 살고 싶다면? 혹은 지금까지와는 다른 삶을 살고 싶
다면? 그럼 가장 먼저 해야 할 일은 무엇일까? 바로 '말하기를 바꾸는
것'이다. 더 나은 말하기가 더 나은 풍요로운 삶을 만들기 때문이다.
그러니 당장 우리의 말을 긍정적인 말, 아름다운 말, 친절한 말, 정직
한 말, 용기를 주는 말, 위로하는 말로 바꾸어보자!

말은 삶을 바꾸는 가장 강력한 버튼

왜 하필 말하기냐고? 그건 말이 우리의 마음과 정신과 태도를 몽땅
바꾸는 가장 강력한 버튼이기 때문이다. 최근 뇌과학자들과 심리학자
들이 연구를 통해 밝혔듯 우리는 말하는 대로 마음먹은 대로 산다. '말
이 씨가 된다는 말'처럼 말에는 예언적인 힘이 있기 때문이다. 절대 그
걸 벗어나지 못한다. 긍정적인 말을 하는 사람은 긍정적인 삶을 살고
부정적인 말을 하는 사람은 부정적인 삶을 산다.

그럼, 우리는 어떻게 말해야 할까? 또 어떤 말들을 절대 해서는 안
될까? 이 책은 바로 그 말하기를 다루고 있다. 하지만 또 한편으로 단
순한 말하기 스킬이 아닌 어떻게 하면 더 나은 풍요로운 삶을 살 것인
지를 다루고 있다. 말 한마디만 가지고도 충분히 삶을 풍요롭게도 가

난하게도 바꿀 수 있기 때문이다. 우리의 삶은 풍요로워야 한다. 풍요롭다는 것은 단지 금전적인 부유함을 의미하는 것이 아니다. 그 이상을 의미한다. 다음은 고 김수환 추기경이 방 앞에 걸어놓고 시시때때로 읽었다는 「말 한마디」란 시이다. 하루를 시작할 때 한 번씩 읽어보았으면 한다.

부주의한 말 한마디가 싸움의 불씨가 되고
잔인한 말 한마디가 삶을 파괴합니다.

쓰디쓴 말 한마디가 증오의 씨를 뿌리고
무례한 말 한마디가 사랑의 불을 끕니다.

은혜로운 말 한마디가 길을 평탄케 하고
즐거운 말 한마디가 하루를 빛나게 합니다.

때에 맞는 말 한마디가 긴장을 풀어주고
사랑의 말 한마디가 축복을 줍니다.

말은 인간을 인간답게 하고 위대하게 한다

말의 역할은 크다. 또 말의 힘은 세다. 우리는 말을 통해 자신의 의사를 다른 사람에게 전달하고 그럼으로써 서로 이해하고 소통하고 외롭지 않게 됐고 마침내 힘을 합쳐 어려움을 이겨내고 세상을 개척하고 그다음 세대로 그다음 세대로 지혜를 전달했다. 아마 인류의 발전은 말이 없었다면 도무지 가능하지 않았을 것이다. 그렇게 말은 인간을 인간답게 하고 인간을 위대하게 해주었다. 자, 다시 그 말 본연의 역할을 회복하도록 하자. 남을 비난하고 비판하고 욕하고 불평불만을 쏟아내고 상처 주는 말 대신 공감하고 마음을 나누고 칭찬하고 용기를 주고 위로하고 힘을 주는 말을 해보자.

나는 인생의 후반전을 계획하면서 '인생 사명 선언서'를 만들었다. 스피치 커뮤니케이션을 연구하여 방송, 강연, 집필 등을 통해 많은 사람에게 변화된 삶을 살 수 있도록 돕자는 것이다. 이 책은 그러한 노력의 하나로 탄생했다. 나는 아나운서로 또 대학교수로 지내며 날마다 하는 본질적인 질문은 "무슨 말을 어떻게 해야 잘하는 것인가?"이다. 그리고 매순간 말하기의 기술보다 소통의 본질에 대해 고민한다. 말을 잘하고 싶은가? 그럼 자신을 되돌아보고 상대방의 마음을 헤아리는 것부터 시작하자.

이 책은 예전에 출간했던 『홀리 스피치』에서 못다 했던 내용과 신문 칼럼과 개인적인 경험들을 묶어서 썼다. 제목 중 '차차차'는 챌린지Challenge, 찬스Chance, 체인지Change의 앞자리 글자들을 모아 만든 말이다. 도전하면 기회가 생기고 그 기회를 통해 우리 삶에 변화가 온다는 뜻이다. 스피치 차차차! 인생 차차차!

2016. 6. 9
신은경

차 례

차차차 3 변화 Change
스피치를 통해 삶을 변화시킬 수 있다   **169**

앞으로는 무조건 이렇게 말하자

차차차 1 도전 Challenge

응원구호를 만들자

"나는 날마다 발전한다. 나는 날마다 성장한다. 우리에게 장애물은 없다. 차차차!"

나는 대학에서 강의할 때 학생들과 그렇게 구호를 외치고 공부를 시작한다. "차차차!"라고 하니 마치 라틴댄스의 한 종류처럼 들리긴 하지만, 그런 것이 아니고 우리 학교가 내세우는 모토인 챌린지 Challenge, 찬스Chance, 체인지Change의 앞자리 글자들을 모아 외치는 것이다. 도전하면 기회가 생기고 그 기회를 통해 우리 삶에 변화가 온다는 뜻이다. 이 책의 제목이기도 하다.

아무리 젊은이라 할지라도 어두운 그림자가 생각을 덮을 때가 있다. 때론 모두 앞서 달려가는데 나만 남들에게 뒤지는 것 같기도 할 것이다. 아무리 노력해도 나 혼자만 제자리걸음을 하는 것 같은 생각이 들 때도 있을 것이다. 그러나 분명한 사실은 아주 조금씩이라도 우리는 분명히 발전하고 있다는 것이다. 그리고 반드시 크게 성장할 것이라는 사실이다. 이러한 분명한 사실을 스스로에게 날마다 각인시켜야만 필요 없는 좌절감에 빠지거나 자포자기하는 일이 없다.

소통은 자신을 대상으로 먼저 시작되어야 한다. 내가 소통하려는 것에 대해 스스로 납득이 가야지만 상대방을 설득할 수 있다. 스스로 납득한다는 것은 자신이 평소에 추구하는 가치에 부응하느냐에 달려 있다. 그렇기 때문에 내가 애창곡을 부르듯 내 인생의 모토도 분명하게 내 입을 맴돌아야 한다.

소리 내어 말하는 순간 힘이 생긴다

언제부터인가 사람들은 노래를 부를 때 뭔가를 보면서 부르는 것에 익숙해졌다. 노래방에 가도 화면에 자막이 나오고, 요즘 유명한 TV의 「복면가왕」 프로그램이나 오디션 프로그램에도 친절하게 가사 자막을 넣어주니 따라 부르기가 여간 편리하다. 그러다 보니 가사가 눈앞에 보이지 않으면 곡조는 잘 아는 노래도 제대로 부르지 못한다. 요즘 문화일 테지만, 자신의 머리와 가슴에 깊이 새겨진 게 아니니 그럴 수밖에 없다는 생각이다.

뭔가를 보면서 노래를 부르고 모토를 외치는 경우에는 아무래도 그 깊은 뜻을 헤아리기가 어렵다. 당장 자막을 놓치지 않으려고 신경을 쓰다 보니 뜻을 헤아릴 겨를이 없다. 눈을 감고 가사를 음미하고 구호의 뜻을 다시 새겨보는 이유가 바로 여기에 있다. 굳이 자막을 보지 않아도 부를 수 있는 노래는 자신의 감성이나 인생과 공감할 수 있는 곡인 경우가 대부분이다. 왠지 나의 인생을 부르는 듯하고 내가 가진 애환과 정서를 담은 듯하다. 그래서 가사를 외우는 것에 그치지 않고 공감하고 감정을 싣게 되는 것이다.

비전이나 목표와 관련한 구호를 외치는 것도 매한가지다. 내가 공감하고 동의하는 것이니 써놓은 것을 보지 않아도 외칠 수 있다. 또 외칠 때마다 동기가 부여된다. 자신의 가슴속에 담긴 것을 느낄 수 있는 사람은 비록 좀 서툴더라도 자신의 것으로 표현할 줄 안다. 그리고 어떤 상황에서도 의견을 내놓을 줄 알고 자신만의 색깔을 덧입힌 목소리로 소통한다.

사람들은 주위의 시선을 의식할 때가 잦다. 자식으로서 혹은 부모로서 기대치를 거는 게 있다. 가족뿐만 아니다. 직장에서도 직급에 따라 기대치를 걸고 학교에서도 마찬가지다. 이런 기대치를 지나치게 의식한 나머지 자신의 목소리를 내지 못하는 경우가 있다. 타인의 기대에 맞춰 사는 인생은 행복하지 않다. 내 인생의 모토를 내세우지 못하고 타인에게 이끌려가는 사람의 소통은 일방적일 수밖에 없다.

내면 깊숙이 성찰을 한 사람은 자기 목소리가 뚜렷하다. 그런데 자신의 생각을 뚜렷하게 밝힌다고 해서 독불장군인 것은 아니다. 자신의 원칙과 가치 등이 분명하기 때문에 오히려 마음을 열 수가 있다. 받아들일 수 있는 것과 없는 것을 분명하게 구분하기 때문에 명확한 소통이 된다. 하지만 자신의 목소리를 내지 못하는 사람은 그렇지 못하다. 늘 휘둘리거나 혹은 휘둘린다는 사실 자체에 반발할 뿐이다. 이러한 소통은 일방적이거나 대립만 낳을 뿐이다.

말하기 전에 잠시 깊이 심호흡을 해보자

스피치에 앞서 잠시 깊이 심호흡을 해보자. 그 이유는 두 가지 때문이다. 첫째는 자신의 생각과 가치가 무엇이고 말하려는 목적이 어떤 것인지를 분명히 하기 위해서다. 둘째는 자신이 전달하고자 하는 메시지를 입 밖으로 꺼내기 전에 정리하기 위해서다. 감정이 혼란스러울 때는 정당한 메시지도 제대로 전달되기는커녕 괜한 오해와 억측을 불러일으킬 수 있다.

사소한 싸움이 크게 번지는 것은 그 원인보다 싸우는 과정에서 감정을 주체하지 못해 서로에게 깊은 상처를 주는 말 때문인 경우가 많다. 차마 글로 옮기기 어려운 욕설과 인격 모욕도 있다. 이런 말을 주고받는 순간에 싸움의 원인은 뒷전이 되고 만다. 이제부터 감정 대립이자 서로의 존재에 대한 경멸만이 남는다. 소통이라는 말이 무색할 만큼 귀는 닫고 자신의 말만 쏟아낸다.

소통할 때는 미리 스스로를 가다듬는 과정을 가질 필요가 있다. 이 과정은 그리 긴 시간을 요구하지 않는다. 짧게라도 자신의 생각을 정리하고, 혹시라도 감정적인 것 때문에 소통을 그르칠 게 없는지 마인드 컨트롤을 하는 것이다. 이때 깊은 호흡이 도움된다. 깊은 호흡을 하면서 감정을 추스르고 자신의 생각을 정리할 틈은 언제든지 있다.

따뜻한 말을 하자

생각만 해도 군침이 도는 음식이 있다. 그뿐만 아니라 그 음식을 떠올리기만 해도 마음마저 푸근해진다. 영어에 '컴포트 푸드comfort food'라는 말이 있다. 직접 먹거나 보지 못해도 생각만으로 심리적인 풍요로움을 주는 음식을 지칭하는 표현이다. 달콤하고 향긋한 추억에 빠져들게 하는 추억의 음식을 떠올리면 쉽게 이해할 수 있을 것이다.

음악감독 박칼린은 어린 시절에 부산에서 살았는데 그때 먹던 콩나물조림을 컴포드 푸드로 기억하고 있다. 그녀가 먹었던 콩나물조림은 바닷가에서 흔히 볼 수 있는 생선뼈들을 모아 콩나물과 간장을 넣고 푹 졸이다시피 해서 만든 음식이다. 뼈 사이로 몇 올씩 빼먹는 콩나물은 기가 막히게 맛있었다고 한다. 박칼린 감독에게 그 음식은 어린 시절의 기억과 함께 그 음식을 떠올릴 때마다 군침을 삼키게 하고 마음을 평온하게 하지 않았을까 싶다.

사람마다 위안이 되는 음식이 있을 것이다. 굳이 일류 요리사가 만든 일품 진미가 아니라도 가족이나 친구 등 사랑하는 사람과 맛있게 먹었던 기억을 떠올리게 하는 음식이다. 힘든 일과를 마치고 퇴근길에 잠시 들러 먹었던 한겨울의 따뜻한 어묵 꼬지, 뻘뻘 흘린 땀을 식히려 먹은 한여름의 냉면 등의 음식은 고된 일상을 잠시라도 잊게 해주기에 손색이 없다.

말과 언어에도 위로가 되는 음식과 같은 것이 있다. 몇몇 단어만 떠올려도 마음의 평온함을 가져다주는 단어가 저마다 있을 것이다. 타지에 홀로 살면서 간혹 작은 소리로 읊조리는 어머니라는 말 한마디에 가족의 정을 느낄 때가 있지 않은가.

위안의 음식, 위로의 말

나에게도 추억이 깃든 음식이 있다. 어릴 적 먹던 엄마 솜씨의 멸치젓도 그런 음식이다. 싱싱한 생멸치를 사서 굵은 소금을 뿌린 뒤에 잘 삭히기만 하면 되는 아주 간단한 음식이다. 가시를 발라내고 생멸치의 통통한 살을 떠서 고춧가루, 마늘, 파, 식초 등을 넣고 버무린 멸치젓은 밥 도둑이나 다름없었다.

나중에 이탈리아 음식에 들어가는 앤초비를 보고 우리나라의 멸치젓과 똑같아 놀라움을 금치 못한 적이 있다. 멸치젓을 먹을 때마다, 이탈리아 음식에 들어간 앤초비를 만날 때마다 멸치젓을 만들던 엄마의 모습과 그것을 맛있게 먹던 평화로운 어릴 적 시간을 함께 기억해 낸다. 엄마표 꽃게찌개도 그리운 음식이자 추억이다. 넉넉히 넣은 부추에다가 된장과 고추장에 이어 고춧가루를 넣어 끓여주시던 꽃게찌개, 알이 단단히 밴 도루묵찌개, 연탄불에 구운 양미리 등 군침을 돌게 하는 어릴 적의 추억이 가득한 음식은 가끔 혼자 슬며시 웃음을 짓게 한다. 마음마저 포근해진다.

음식은 때로 내가 걸어온 인생의 흔적을 떠올리게 한다. 그리스 여행에서 먹었던 그릭 샐러드는 1988년 서울올림픽의 성화 취재와 맞물려 있다. 싱싱한 올리브, 토마토, 양파, 페타치즈가 듬뿍 들어간 그리스식 샐러드의 맛은 머나먼 타국에서 언론인으로 활동했던 내 인생의 경력을 상징하는 것이기도 하다. 최고급 레스토랑이나 어느 시골작은 음식점에서도 같은 내용의 싱싱한 재료로 만든 그릭 샐러드는 건강하고 싱싱한 지중해의 기억이었다.

음식은 스피치에 버금가는 소통의 수단이 될 때도 있다. 영국 유학 때였다. 어느 날, 하숙집 주인 할머니가 몸이 아파 식사준비도 못하고 누워계셨던 적이 있었다. 나는 팔을 걷어붙이고 부엌에 들어가 요리를 시작했다. 당근과 호박을 비롯한 여러 가지 잎채소를 중국 프라이팬인 웍에다 볶은 뒤에 마늘, 고춧가루, 참기름 등 한국식 양념으로 간을 맞췄다. 그리고 이것을 바삭하게 볶은 에그 누들 위에다 얹어서 대접했다. 할머니는 내가 매콤하게 만든 요리를 땀까지 뻘뻘 흘리며 드시더니 이제 거뜬히 나은 것 같다고 하셨다. 그때 내가 만들어 드렸던 음식을 할머니는 '코리안 베지터블 누들Korean vegetable noodle'이라고 불렀다. 그 국수는 할머니에게 아마도 컴포트 푸드였나보다. 세월이 흘러 전화 통화를 할 때마다 그때 이야기를 하면서 그리워하시니 말이다.

소리 내어 읽기만 해도 따스해지는 말

컴포트 푸드처럼 말에도 컴포트 워드comfort word가 있다. 위로의 힘을 지닌 아름다운 말은 듣기만 해도 기분이 좋아지고 따스해진다. 따뜻한 추억과 감성을 불러일으키기 때문이다. 혼자 읊조리면서 괜스레 미소를 짓거나 혹은 나를 감싸는 듯한 따뜻한 기운을 느낀다. 나에게 위안이 되는 말, 추억과 행복의 기억이 묻어 있는 말은 감성을 일깨우며 소통의 효과를 더 높일 수 있다.

1980년대 말에 미국의 대학교수들이 가장 아름다운 말이라고 생각되는 단어를 뽑았다. "숭배, 덕, 환희, 명예, 고독, 신성함, 희망, 순결, 신뢰, 조화, 행복, 자유, 청렴, 숭고, 동정심, 천국" 참으로 숭고한 아름다움을 지닌 단어들이다. 그러자 젊은 학생들이 이의를 제기했다고 한다. "부자, 영광, 사랑, 월급" 등의 말은 왜 뺐느냐고 말이다. 역시 젊은이답다. 이처럼 저마다 아름답게 여기는 말이 제각각이다. 독일인들은 "소유, 든든함, 사랑" 등이었고 영국인들은 "어머니"를 가장 많이 꼽았다고 한다. 아마도 이 단어는 이 세상 누구에게나 아름다운 말일 것이다. 따뜻하면서 감싸 안아주는 느낌. 희생과 창조의 근원인 단어이기 때문이다.

마음이 따뜻해지는 단어는 상대방의 닫힌 마음의 문을 조금씩 열게 해준다. 추억을 떠올리게 하거나 자신의 인생에서 가장 빛났던 순간을 떠올리게 한다면 자연스럽게 마음이 열리는 것이다. 인간은 결정적인 순간에 우뇌가 작용한다고 한다. 우뇌는 감성을 좌우한다. 나선희의 『따뜻한 말로 이겨라』에 보면, 감성을 떠올리게 하는 말이 어떤 효과를 나타내는지 보여준다. 병원에서 환자들을 대상으로 조사했는데 환자를 어떻게 부르냐에 따라 치료의 의지가 달라진다고 한다. 환자의 이름만 부르는 것보다 "환자의 전성기 직함을 불러주면 얼른 회복해서 남들이 인정해주던 그때로 돌아가야겠다는 치료 의지가 높아졌다"는 조사결과가 나온 것이다. 홍길동 씨라고 부르는 것보다 그가 가장 전성기였던 시절의 직함인 '국장님'이라는 호칭을 붙여서 불러 준다면 좀 더 귀를 기울이고 호감을 느끼게 될 것이다. 긍정의 기운을 불러일으키는 단어를 사용하며 말하는 것은 상대의 감성을 움직이게 하고 긍정적인 반응을 이끌어낸다.

고등학교에 다닐 때였다. 모든 수험생이 그렇듯이 나 또한 입시 스트레스로 아주 힘들었다. 매일 쌓이는 스트레스를 없앨 길이 없었던 나는 절친한 몇몇 친구들과 함께 머리를 맞대고 앉았다. 책상 위에는 흰 종이가 있었고 저마다 자신이 아름답다고 생각하는 단어를 써내려 갔다. 그저 생각만 해도 기분이 좋아지는 단어, 쓰기만 해도 군침이 도는 단어 등 어떤 단어라도 상관없었다. 입시라는 틀에 갇혀 몸과 마음이 지쳐가던 우리를 해방시킬 수 있는 단어를 서로 마구 적었다. 어느덧 각자가 50개의 단어를 썼다. 그렇게 단어 하나하나를 쓰는 동안 우리의 답답했던 속은 어느 정도 풀렸다. 얼었던 마음이 다소 녹으며 봄날 같은 평온함을 얻었던 것이다.

그때 당시에 친구들과 적은 단어는 "안개꽃, 커피, 바게트, 무지개, 아침 햇살, 고요한 바다, 잔잔한 파도, 함박눈, 군고구마, 봄비" 등을 비롯한 "봉골레 스파게티, 마들렌, 카페올레, 백야, 베르겐, 에스카르고, 첫눈, 걸음마, 보조개, 덧니"까지 음식, 추억, 풍경 등 분야를 가리지 않고 등장했다. 어린 시절 추억이 깃들어 있고 행복했던 기억이 떠오르는 단어를 생각나는 대로 적으며 우리끼리 위안을 삼았던 것이다.

지금이라도 일이 잘 풀리지 않고 스트레스 때문에 답답하다면 자신의 컴포트 워드를 써보면 조금은 풀릴 것이다. 50개만 종이에 쓰다 보면, 어느덧 답답한 속이 풀릴 것이다. 그리고 일주일 동안 매일 한 번씩 그 종이를 꺼내서 소리를 내어 읽어보면 더욱 효과가 있을 것이다.

아름다운 단어의 힘은 절대 가볍지 않다. 또 따스함이 묻어나는 말도 얼어붙은 관계를 녹일 수 있다. 말은 비수가 될 수도 있지만, 상처를 어루만져주는 따스한 손길이 될 수도 있다. 그렇다면 내가 사람들에게 뻗어야 할 것은 당연히 비수보다 따뜻한 손길이어야 하지 않을까.

축복의 말을 하자

공인일수록 말을 조심해야 한다. 마찬가지로 터무니없이 억울한 말을 들어도 흔들리지 말아야 한다. 독이나 다를 게 없는 말을 듣고 그것을 삼켜버리면 어떻게 되겠는가. 그러니 아예 마음에 담아두지 말아야 한다. 그럴 때 나는 스스로 바위라고 생각하고 마음을 다스린다. 꿈쩍도 하지 않는 바위처럼 쉽게 흔들리지 않으니 어떤 말을 들어도 두려울 것이 없다.

아리스토텔레스는 "비난을 피하는 방법이 딱 한 가지 있다. 아무것도 하지 않고 아무 말도 하지 말고 아무것도 되지 않는 것이다."라고 했다. 말하는 순간, 비난의 눈길에서 자유로울 수는 없으므로 아무리 좋은 말을 해도 삐딱하게 받아들이는 사람들이 있게 마련이라는 뜻일게다. 그러니 아예 말을 하지 말라고 하는 것처럼 들린다. 그러나 역설적으로 무엇인가 되고 무엇인가 말하려면 무언가 행동을 해야 한다는 뜻이기도 하다. 그러려면 비난을 듣는 것쯤은 당연히 감수해야 하는 일이라 해석된다. 말을 하지 않고 살 수는 없다. 그러니 비난쯤이야 늘 따라붙는 것으로 생각하고 대범하게 받아들일 수 있어야 한다.

내가 비난에서 자유로울 수 있는 여유를 가지면 상대에게 축복을 담은 말을 할 수 있다. 비난의 무익함을 알고 있으니 긍정과 희망의 말을 더 많이 하는 것이다. 말을 하지 못하는 꽃도 자꾸만 예쁘다고 해주면 더 잘 자란다. 하물며 함께 일하고 생활하는 이에게 축복의 말을 해주는 것이 훨씬 더 좋지 않은가.

하루에 한 번 축복의 말을

라틴어로 '축복'은 '베네딕투레benedicture'라고 한다. '베네'는 '좋다'는 말이고 '딕투레'는 '말하기'라는 뜻이다. 즉 좋은 일을 발표하고 서로 확인한다는 의미이다. 축복이라는 단어는 듣기만 해도 기분이 좋고 마음이 평온해지는 말이다. 축복의 말을 듣는 사람은 정서적으로도 안정감을 느끼며 자존감도 높아지지 마련이다.

롤프 가복이 쓴 책『하루에 한 번 자녀를 축복하라』를 보면 자녀를 사랑하는 방법 중에서 가장 소중한 것이 축복해주는 것이라고 한다. 축복의 말이 자녀의 정서와 자존감에 좋다는 것이다. 그 책을 선물 받았을 때가 딸아이를 임신했을 무렵이다. 나는 그 책의 제목만 보고도 상당한 전율을 느꼈다. 하루에 한 번씩 아이에게 축복의 말을 해준다는 게 생각보다 쉽지 않기 때문이다. 만일 '하루에 한 번 매를 들어라'라고 했다면 오히려 쉽다고 생각했을는지도 모른다. 아이들은 하루에도 수없이 매 맞을 일을 저지르니 말이다.

하루에 축복의 말 한마디가 뭐가 어려우냐고 생각할 수 있다. 그러나 하루의 일상이 축복의 말만 할 수 있을 만큼 평온하지가 못하다. 격려와 사랑을 많이 받은 사람도 간혹 눈물이 쏙 빠지도록 혼이 나고 종아리를 맞기도 한다. 어쩌면 이런 모습이 더 자연스러운 것일지도 모른다. 그런데 어떻게 날마다 축복의 말을 할 수 있겠는가. 좀 전까지 화를 내다가 갑자기 축복의 말을 한다고 생각해봐라. 마치 이중인격자로 보이지 않겠는가.

교육학자 이성호 교수의 『부모가 하지 말아야 할 21가지 말』을 보면 "자녀의 인격을 무시하지 말라. 재촉하거나 몰아세우지 말라. 다른 아이들과 비교하지 마라." 등 자녀와의 대화에서 하지 말아야 할 말을 소개하고 있다. 아마 부모라면 이런 말들을 얼마나 자주 썼는지 스스로 놀랄 것이다. 또 자식으로서는 수없이 들었던 말일 것이다. 부모와 자식 간의 관계가 아니라 직장에서나 학교에서도 인격을 무시하고 비교하는 말을 아무렇지도 않게 주고받고 있다는 것을 새삼 알 수 있다.

하루에 한 번씩 축복의 말을 한다는 것은 그 순간뿐만 아니라 종일 축복의 말을 건넬 수 있는 일상을 만든다. 스스로가 평온하고 안정된 마음이 있어야 축복의 말을 할 수 있다. 물론 상대가 잘되기를 바라는 마음으로 싫은 소리를 하고 다그치는 것이라고 항변할 수 있다. 하지만 사랑의 언어, 축복의 말보다 큰 효과를 얻기는 어렵다. 가뜩이나 잘못을 저지른 것에 대한 자괴감을 느끼고 있거나 노력해도 한계에 부딪혀 힘들어하는 사람에게 잔소리는 더욱 주눅이 들게 할 가능성이 크다.

세계적인 화가 피카소의 아버지는 미술 선생님이었다. 부전자전이라고 피카소는 아버지의 재능을 물려받아 그림에 소질이 있었다. 그런데 어린 피카소의 학교생활은 그리 평탄하지 못했다고 한다. 교실에서 수업을 열심히 듣는 것보다 창밖을 멍하니 바라보는 시간이 더 많았다. 이런 피카소를 지켜본 선생님은 제대로 집중을 하지 않는다고 혼을 냈다. 아이들과의 사이도 그리 좋은 편은 아니었다. 수학 공부를 싫어했던 피카소를 반의 친구들이 약 올리는 일도 많았다.

선생님과 친구들로부터 인정을 받지 못한 피카소는 아마 우울한 시간을 보냈을 것이다. 그런데 그의 아버지는 이런 사실을 알고도 꾸짖기는커녕 따뜻한 말을 건넸다.

"수학이 인생의 전부는 아니란다. 너는 그 대신에 그림 천재이잖니."

그의 아버지는 학교에서 혼이 나도 늘 그림을 잘 그린다는 말을 하며 격려를 했다. 어린 피카소는 아버지의 응원의 말에 힘입어 화가의 꿈을 계속 키울 수 있었다. 축복의 말을 하는 것은 감성적인 소통을 뜻한다. 요즘에는 딱딱한 논리적인 소통보다 마음과 마음을 잇는 감성적인 소통을 중요하게 여긴다. 마음을 움직이고 행동을 이끌어내는 공명의 소통이다. 아이가 학교에서 수업에 집중하지 못하고 수학을 못한다는 것을 콕 집어 혼냈더라면 피카소라는 위대한 화가는 만들어지지 못했을 것이다. 축복의 말은 따뜻한 감성과 배려를 가득 담은 말이다. "너의 행복을 위해 기도해줄게."라는 말은 종교적인 의미를 떠나 고마움을 느낀다.

축복의 기도와 같은 말

축복의 말을 하는 것은 단순한 립 서비스나 말하기의 기술이 아니다. 축복의 말을 하려면 사전에 해야 하는 게 있다. 축복의 말을 하는 사람이 갖춰야 할 품위를 유지하는 것이다. 기한이 촉박한 업무를 제때 마무리하지 못하는 직원을 보고 있으면 속이 답답하다. 그래서 일을 왜 그렇게 못하느냐고 질책을 한다. 그런데 얼마 지나지 않아 책에서 본 것이 기억이 나서 격려의 말을 한다면 부하직원은 어떻게 생각할까? 야누스의 얼굴을 가진 상사라고 이상하게 여기지 않을까.

소통의 관계에서 지위나 입장에 따라 위아래의 관계를 강조하는 사람이 있다. 위아래를 지나치게 강조하다 보니 축복의 말을 건넬 생각은 하지 못한다. 내가 그 사람의 모든 것을 좌지우지할 수 있다는 오만한 생각을 하는 경우도 많다. 특히 부모와 자식 간의 관계에서 이런 모습을 많이 볼 수 있다. 그러나 부모와 자식 사이이기 때문에 더욱 사랑하고 축복의 말과 기도를 해줘야 한다. 결혼 초에 남편이 나에게 해준 말이 있다. 칼릴 지브란이 쓴 「아이에 대하여」란 시의 한 구절이다.

"아이는 당신을 거쳐서 왔지 당신에게서 온 것은 아니다A child is not from you, but through you."

남편의 말처럼 자식은 나의 소유물이 아니다. 그저 내 몸이 빌어 이 세상에 태어난 소중한 존재이다. 그래서는 나는 "내 새끼"라는 말도 잘 쓰지 않는다. 남편은 자식이 하나님으로부터 받은 선물이니 잘 키워야 한다는 의무를 말했다.

우리 부부는 매일 밤 아이에게 축복기도를 해줬다. 아이의 머리맡에 축복기도 구절을 써서 붙여놓고 잘 때마다 축복기도를 해준 것이다. 나중에 아이가 자란 뒤에는 딸아이가 엄마를 위해 축복기도를 해준 적이 있다. 그때 내 기분은 너무나 평온해졌다. 아이의 기도를 듣는 동안 고단한 삶의 무게를 견뎌낼 수 있었던 것이다.

지난 1966년에 컴퓨터 공학 교수인 오제프 바이첸바움은 의사들이 병원에서 대화하는 것을 보고 간단한 대화 프로그램을 만들었다.

이 프로그램의 이름은 '엘리자'였는데 상담 전문가라고 환자들에게
소개했다. 그런데 환자들의 반응은 그의 예상을 뛰어넘을 정도로 폭
발적이었다. 엘리자가 하는 역할이라고는 환자들의 말에 맞장구를 쳐
주거나 계속 말을 걸어주는 게 전부였다. 그것도 실물을 보는 게 아니
라 텍스트로 주고받는 대화가 고작이었다. 그렇지만 환자들은 눈물까
지 흘리며 교감을 나눴다고 한다.

　예상치 못한 환자들의 반응에 요제프는 '엘리자는 사람이 아니라
기계'라고 알려줬다. 하지만 환자들은 그 이후에도 엘리자를 찾았다.
몸과 마음이 지친 환자들에게는 그저 교감을 해주는 것만으로도 충
분했던 것이다. 통상 의사들이 하는 일, 즉 아픈 원인이 무엇이고 병이
생기기까지 잘못된 습관을 탓하는 등의 말은 틀린 것은 아니라 해도
따뜻한 감성의 소통은 아니었던 것이다.

　그러나 이 프로젝트는 요제프 스스로 중단하고 말았다. 인간의 이
성과 생명은 기계가 아니며, 인간의 대화도 기계적인 단어의 나열만
으로는 교감을 이룰 수 없다고 판단했기 때문이다. 환자들은 분명 엘
리자와 교감을 느꼈다. 그러나 프로그램 개발자인 요제프는 생명이
아닌, 그저 맞장구를 쳐주는 것만으로 인간과 인간이 나눌 수 있는 교
감이라 생각하지 않았던 것이다. 즉 거짓된 교감에 잠시 의지하는 것
을 마치 진짜인 것처럼 생각하는 것에 깊은 우려를 감추지 못했던 것
이다.

　엘리자를 처음 만난 환자들의 반응과 엘리자를 개발한 요제프의 개
발 중단은 많은 것을 시사한다. 첫째는 인간은 아주 단순한 맞장구라
도 교감을 나눌 수 있다면 상당한 반응을 한다는 사실이다. 둘째는 교

감의 본질은 따뜻한 감성이 배여 있는 축복과 배려라는 인간의 고유한 감정이라는 것이다. 이 두 가지를 함께 묶는다면 아마 가장 바람직한 축복의 말이 되지 않을까 생각된다.

상대방을 존중하고 축복해주는 말하기 습관은 마음속 깊은 곳에서 우러나오는 것이다. 즉 진정으로 상대방이 잘되기를 기원하는 표현이나 어휘를 사용하면, 진정성이라는 단어를 군이 사용하지 않아도 상대방은 나의 진정성을 알게 된다. 그만큼 신뢰의 관계 설정이 가능해지는 것이다.

웃는 얼굴로 말하자

웃는 얼굴에 침 못 뱉는다는 말이 있다. 누군가 활짝 웃는 얼굴을 하고 있으면 보는 것만으로도 나 역시 기분이 좋아진다. 아마도 돈을 들이지 않고 성공할 수 있는 가장 확실한 방법이 웃는 얼굴일 것이다. 사회적으로 성공하고 싶은가? 그렇다면 웃는 연습부터 하는 게 좋다. 웃으면서 말하는 사람을 쉽게 거부하지 못하는 게 사람의 심리이기 때문이다. 나는 강연을 시작할 때마다 당부의 말씀을 드린다.

"제가 이야기할 때 여러분은 웃어주세요. 그리고 고개를 끄덕끄덕해주세요."

열심히 강연하는데 앞에 있는 사람들이 무심한 표정을 짓고 있으면 왠지 불안하다. 내 말이 재미가 없는 게 아닌지, 혹은 억지로 이곳에 오는 바람에 관심이 없는 것인지 등 온갖 잡생각을 하며 강의를 하게 된다. 그러다 보면 내 이야기의 줄기를 잃어버릴 수도 있다. 이런 강연은 하는 사람이나 듣는 사람 모두 난처할 따름이다.

청중이 밝은 얼굴로 말 한마디에 웃음을 터뜨려주는 강연은 피곤함을 잊게 해준다. 강의가 다소 따분하게 흐르다가도 웃는 청중 덕분에 기운을 내서 강연한 적이 한두 번이 아니다. 내가 힘을 내니 청중들도 더 집중하고 강연 후기에도 후한 평가가 올라올 때가 많다.

웃음에 인색하지 말자

예전에 9시 뉴스를 진행할 때는 카메라 앞에서 웃을 수가 없었다. 뉴스를 하면서 웃는다는 것이 방송사고로 여겨질 때였다. 그러니 사람들도 '앵커 신은경'을 떠올릴 때는 냉정하고 단호한 표정으로 또박또박 말하는 모습이었을 것이다. 남편이 국회의원 선거에 출마하였을 때 처음으로 지역구를 찾아가 인사를 드린 날을 잊을 수가 없다. 그때 동네 어르신 한 분이 나를 보고 이렇게 말씀하셨다.

"어머, 웃기도 하네요."

처음 이 말을 들었을 때는 속으로 당황했다. 그동안 한 번도 생각하지 못했던 말을 들은 것이었다. 나는 다시 웃으며 "제가 웃지도 않는 사람인 줄 아셨어요? 저도 평범한 사람이에요." 하며 말했지만, 그동안 내가 어떻게 보였는지가 짐작됐다.

현업에서 뉴스를 보도할 때의 내 표정은 진지, 엄숙, 신뢰, 그 자체였다. 9시 뉴스는 뉴스 중에서도 메인이었으니 당연했다. 뉴스의 생명은 신뢰다. 그러니 가벼운 이미지를 보여줄 수는 없는 노릇이었다. 게다가 뉴스를 할 때마다 매번 "화재 사고소식입니다." "경찰에 구속됐습니다." "부정부패가 사회 문제가 되고 있습니다." 등 대부분 무거운 주제로 방송했으니 그 표정이야 오죽했을까 싶다. 그런 뉴스만 11년 이상 진행했으니 많은 사람 뇌리에 나는 냉정하고 딱딱한 표정의 사람이라고 기억될 수밖에 없었을 것이다.

웃는 얼굴로 사람을 대하면 딱딱한 분위기도 부드럽게 만들 수 있다. 또 아무리 아름다운 얼굴이라고 해도 무뚝뚝한 표정을 지으면 호감보다 비호감이 될 가능성이 높다. 미인대회를 주최하는 쪽에서 참가자들에게 가장 먼저 웃는 연습과 걷기를 훈련시키는 이유도 아름답게 웃는 얼굴이 매력을 발산시키기 때문이다.

그러나 우리 사회는 웃는 것에 인색한 편이다. 과거엔 치아를 드러내는 것을 천박하다고 여길 때도 있었다. 그렇게 오랫동안 지내오다 보니 이제 와서 웃는 게 어색하다는 사람들이 많다. 특히 남자들이 웃는 것을 잘하지 못한다. 웨딩 사진을 찍을 때도 사진작가가 웃으라고 하면 대부분 억지웃음을 짓는다고 한다. 그만큼 웃음에 인색하고 웃는 의미를 부정적으로 보는 문화가 아직도 남아 있다.

내가 어릴 적에도 웃는다는 것은 경박하다는 의미였던 것 같다. 고등학교 졸업식 때였다. 친구들과 기념사진을 찍으려는데 한 친구의 어머니가 옆에 서서 자꾸 웃는 친구를 나무라며 입을 다물라고 채근하셨다. 조신하지 못하다고 여기셨던 것이다.

서양 사람들은 복도에서 낯선 사람을 만나더라도 눈이 마주치면 살짝 웃음을 보인다. 혹자는 "난 너를 해칠 생각이 없어."라고 의사표시를 하는 것이라는데 그런 속뜻을 몰라도 기분 나쁠 일은 거의 없지 않을까. 웃는 것만으로도 엔도르핀이 생성되어 몸에 면역력을 키운다는 연구 결과도 있다. 웃는 것만으로도 나의 건강이 좋아질 뿐더러 상대방에게도 웃음을 안겨주니 얼마나 좋은가.

웃는 얼굴은 지나치게 흥분한 상태가 아니라면 소통의 여유를 가져다줄 수 있다. 언짢은 상황이라도 웃음을 머금고 있으면 잠시라도 여유를 가질 수 있다. 그 여유를 가지는 동안에 흥분된 말싸움보다 차분하게 생각을 가다듬어 이야기할 수 있게 된다. 또한 마음의 벽을 허무는 효과도 있다. 웃지 않는 얼굴은 지나치게 권위적이거나, 혹은 긴장을 했다는 것을 보여주는 것이 될 수도 있다. 소통을 잘하는 사람은 함박웃음은 아니라도 슬며시 짓는 미소로 대화를 시작한다.

웃음으로 여유를 찾고 또 감정 조절까지 할 수 있으니 소통의 주도권을 쥘 가능성도 높아진다. 적절한 유머가 출구가 없는 답답한 협상 자리의 숨통을 틔운다. 잘 웃을 줄 아는 사람은 웃음의 강도를 조절하며 때와 장소에 맞춰 활용할 줄도 안다. 웃음에 어색한 사람일수록 연습을 해야 한다. 운동선수들이 자신의 종목에 맞춰 특정 근육을 훈련하여 발달시키듯 웃음도 얼굴 근육을 웃는 것에 익숙하도록 만들어 놓아야 한다. 그래야 웃는 얼굴도 더 예쁘게 나온다. 그런데 처음엔 웃음 짓는 이 얼굴이 내 얼굴 같지가 않다. 마치 가면을 씌워놓은 것 같다. 그래도 열심히 연습해야 한다. 언제까지? 가면이 실물이 될 때까지.

세상에서 가장 아름답고 유쾌한 웃음을 짓는 인물의 사진을 보면서 연습하는 것도 좋은 방법이다. 거울을 보고 웃는 연습을 자꾸 하면서 웃을 일이 없어도 입꼬리를 올려보는 것이다. 아프리카 아이들을 위해 헌신한 오드리 헵번의 미소도 아름답다. 또 환하게 웃는 오바마 대통령의 미소도 멋지다. 이런 연습이 반복되면 어느덧 자연스럽게 웃는 나만의 고유한 표정이 나오게 된다.

웃으면 웃을 일이 생긴다

가끔 잡지나 영상을 볼 때 환한 웃음을 짓는 사람들의 얼굴이 눈길을 끈다. 가난하고 몸에 장애가 있어도 가식이 없는 웃음을 활짝 짓는 사람을 보고 있으면 나도 모르게 흐뭇한 미소를 짓는다. "마음은 부자"라는 말이 있듯이 얄팍한 지갑을 가지고 있어도 웃음만큼은 재벌이 부럽지 않다. 언젠가 검사 출신의 변호사 한 분을 만난 적이 있는데 사법연수원 졸업생들의 앨범을 들여다보면서 재미있는 이야기를 하셨다.

"이 사진들을 보세요. 똑바로 정면을 보면서 찍은 사람이 있고 약간 비스듬하게 서서 활짝 웃은 채 사진을 찍은 사람들이 있죠? 후자의 사람들은 나중에 보니 대부분 정계로 많이 진출합디다."

그분의 이야기는 정치하면서 웃음이 주는 사회적인 효과를 아는 사람들은 젊을 때부터 남달랐다는 것이다.

웃음과 관련해서 '백만 불짜리 미소'라는 말이 있다. 제2차 세계대전 때 나치 독일에 대항하여 영국과 미국을 비롯한 여러 나라가 연합군으로 뭉쳤다. 그러나 다양한 나라가 모인데다가 저마다 개성이 뚜렷한 장군들이 한 자리에 있으니 견제와 갈등을 피할 수가 없었다. 마치 시장바닥을 연상시키는 연합군 지도부를 이끌 총사령관은 전략에 대한 안목뿐만 아니라 개성이 강한 장군들을 한데 모아 일사불란하게 지휘를 해야 하는 소통 능력도 갖춰야만 했다. 이때 총사령관으로 임명된 장군이 미국의 아이젠하워이다.

아이젠하워는 전쟁이 끝나고 나중에 미국의 대통령까지 지낸 사람이다. 그를 상징하는 것은 바로 그 유명한 '백만 불짜리 미소'였다. 수백만 명의 군인과 수백 명 장군을 데리고 복잡하게 얽힌 사안들을 하나씩 풀어갔던 그는 늘 웃음을 지으며 소통을 했다고 한다. 상대방이 아무리 격렬하게 말을 해도 웃는 모습으로 이야기를 들었고, 그의 온

화한 미소 앞에서 개성이 강한 장군들은 더 이상 자신의 뜻만 우길 수가 없었다. 연합군은 아이젠하워의 미소를 통한 소통으로 이런저런 내부적인 마찰을 잘 수습하여 전쟁을 승리로 이끌어갈 수 있었던 것이다.

웃음으로 소통하라고 말하면 "요즘 웃을 일이 어디 있어요?"라고 반문하는 사람도 있다. 불황의 늪은 갈수록 깊어지고 불황의 터널은 끝이 보이지 않는다. 그러니 웃음보다 근심 걱정 가득한 주름살이 얼굴을 채우고 있다. 하지만 "행복해서 웃는 게 아니라 웃기 때문에 행복한 것이다."라는 말도 있지 않은가.

델타 항공사의 여승무원들의 미소를 두고 실시한 연구가 있다. 비행기 안에서의 서비스는 결코 쉽고 간단한 일은 아니다. 그러나 그 고된 일정 가운데에서도 아름다운 미소를 잃지 않는다. 연구 결과는 비록 마음속으로 기뻐서 웃는 미소가 아니라도 웃는 얼굴을 계속 유지하고 있다 보면 뇌에서 좋은 호르몬을 보내준다는 것이다. 가짜 미소 fake smile 이지만 우리 뇌는 '우리 주인이 행복하시구나.'라고 생각하며 기쁨 호르몬을 분출하는 것이다. 그래서 하버드대의 에이미 커디 교수는 젓가락을 입에 물고 웃는 표정을 유지하고 2분간만 그대로 있으라고 제안한다. 그러면 우리 뇌가 기쁠 때 나오는 호르몬을 생성해 낸다고 한다.

웃고 또 웃는 것이 실없이 보일 수도 있다. 하지만 속내를 알 수 없는 음흉한 표정이나 무표정의 얼굴보다 마음을 편하게 해준다. 상대의 마음을 편안하게 해주는 것만큼이나 좋은 소통이 무엇이 있겠는가. 마음이 편해지니 공감의 속도가 빨라지고 그 폭도 깊어진다. 웃는 얼굴은 긍정적인데다가 미래지향적인 이미지도 심어준다. 웃는 사람은 늘 미래에 대해 행복한 기대를 하면서 준비를 하기 때문이다. 또 자신감과 친근감이 자연스레 묻어나온다. 벌써 심리적인 거리감이 무릎이 맞닿을 만큼 좁혀진 셈이다. 신뢰는 두말할 나위가 없다. 사기꾼의 가식적인 미소가 아니라 환하고 밝은 웃음으로 짓는 눈빛은 진정성을 담은 소통의 의사표현이다.

자신 있게 말하자

전문가들도 사람들 앞에 나가 말하는 것이 두렵다고 호소한다. 그래서 그 이유가 무엇이냐고 물으면 소극적인 태도로 그냥 자신이 없다고 고백한다. 일상적인 대화에서도 말하기가 어렵다면서 아예 입을 다무는 사람도 있다. 스펙이 아무리 뛰어나도 면접관의 질문에 우물우물 대충 얼버무리듯 말하는 수험자는 좋은 평가를 받을 수 없다. 자신감이 없어 보이기 때문이다. 자신감이 없는 사람이 자신의 업무를 제대로 수행할 리가 없다고 판단하는 것이다.

우리나라 사람들은 대체로 자신의 뜻을 표현하거나 말을 하는 과정에서 뚜렷한 기승전결을 보여주지 못하는 경향이 있다. 왜 그럴까? 아마도 서양 문화에 비해 말을 많이 하는 것을 경계하는 것 때문일 것이다. 말을 많이 하는 것보다 절제하는 것을 오히려 장려한다. 침묵이 금이요, 점잖고 과묵한 것이 미덕인 풍토에서 말을 많이 하고 또 잘하는 것조차 미심쩍은 것으로 해석하기도 한다.

나의 아버지는 무뚝뚝하고 과묵한 전형적인 경상도 남자이셨다. 내가 어릴 적 어느 해의 아버지 생신날이었다. 맛있는 음식을 가득 차린 상을 마주한 나는 모처럼 아버지께 서비스해야겠다는 생각으로 서툰 젓가락질로 반찬을 집었다. 그리고 아버지 입으로 가져갔다.

"됐다. 놔라."

아버지의 무뚝뚝한 거절의 말에 얼마나 무안하고 창피했는지 모른다. 세 살 밑의 여동생은 아빠 무릎에 앉아 애교도 부렸지만, 나는 아버지 앞에서 점잖고 조용한 아이여야 했다. 그러나 어머니는 아버지와 달랐다. 내 말을 무척 잘 들어주셨다. 나는 학교에서 돌아와 부엌에서 저녁 식사를 준비하시는 어머니의 뒤를 졸졸 따라다니며 재잘거렸다. 오늘 무슨 일이 있었는지 낱낱이 일러바치는 게 하루의 일상이었다.

내가 직장인이 된 뒤에도 어머니와의 수다는 습관처럼 남아 있었다. 서로 마주치는 시간이 그리 많지 않았지만 마주 앉는 날이라도 되면 새벽 두세 시까지 수다를 떨었다. 이런 어머니 덕분에 무뚝뚝한 아버지 밑에서 자랐음에도 말하는 직업을 가질 수 있었던 게 아닌가 싶다.

왜 글을 잘 쓰면서 말을 못할까

내가 아는 한 여성 아나운서는 어려서 엄마에게 어려운 단어를 사용하며 말했다가 혼이 난 적이 있었다고 했다. 그때 이후로 '말하기'보다 '글 쓰는 아이'로 자랐노라고 고백했다. 어디 이 아나운서만 그랬을까.

우리나라 학생들이 외국 유학을 가서 겪는 어려움 중에 가장 큰 것이 수업시간에 하는 발표라고 한다. 수업에 가면 자꾸만 발표를 시킨다는 것이다. 서양 학생들은 별다른 내용이 없어도 그럴듯하게 말을 잘하는데 우리나라 학생들만 꿀 먹은 벙어리인 양 당황한다는 것이다.

미국에는 말하기 수업시간이 따로 없다고 한다. 우리나라처럼 스피치 학원도 많지 않다. 군이 이런 수업과 학원이 있어야 하는 이유가 없기 때문이다. 어릴 때부터 날마다 집에서 식탁이나 응접실에 가족들이 둘러앉아 이런저런 이야기를 나누니 가정이 곧 말하기 수업시간이자 스피치 연습장인 셈이다.

수업시간에도 발표하는 게 너무나 자연스럽다. 학생들이 저마다 아는 것을 손을 들어 발표하는 시간이 많고 소그룹으로 모여 토론하면서 의견을 모은다. 어릴 때부터 말하기, 토론, 의사결정 등을 자연스레 훈련하는 것이다. 그러나 우리나라 학교 안의 풍경은 정반대였다. 요즘에야 조별 모임, 토론, 발표 등을 많이 한다고 하지만 불과 얼마 전까지도 주입식 교육이었던 탓에 말하는 게 너무나 어색하다.

미국으로 유학을 간 한국의 초등학생이 수업시간에 너무 말을 하지 않고 있었다. 그러자 선생님께서 어느 날 그 아이를 불러 물었다.

"이 칠판에 있는 지도에서 너희 나라가 어디에 있는지 가리켜보렴."

선생님의 질문에 아이가 대답은커녕 선생님의 얼굴조차 바라보지 않고 고개를 푹 숙이고 있었다. 선생님은 자신의 질문에 대답하지 않는 아이를 보고 불같이 화를 냈다. 자신의 권위에 도전한다고 생각했기 때문이다. 아이의 부모님이 학교로 불려왔다. 그리고 상담을 했는데 선생님은 아이의 부모로부터 전혀 예상하지 못한 이야기를 들었다.

"동양권에서는 아랫사람이 어른의 눈을 빤히 쳐다보면 예의가 없다고 생각하는 문화가 있습니다."

그제야 선생님은 오해가 풀렸다. 왜 진작 그런 이야기를 해 주지 않았느냐고 미안해했다고 한다. 이렇듯 말하는 문화, 서로 동등하게 바라보며 소통하는 문화를 겪어보지 못했으니 권위에 도전한다거나 혹은 자신감이 떨어지는 사람으로 오해를 받는 것이다.

여러 사람 앞에서 말을 한다는 것이 쉬운 일은 아니다. 갓 부임한 학교 선생님이나 대학 조교들은 어쩔 줄 몰라 당황하기 일쑤다. 학생들도 마찬가지이다. 프레젠테이션 발표를 하라면 횡설수설하거나 말을 이어가지 못해 더듬댈 때가 잦다. 말할 거리가 없어서 입을 쉽게 떼지 못했을까? 그저 다른 사람들 앞에 서는 것이 익숙하지 않고, 평소에 대화하는 것이 서툴러서 당황할 뿐이다. 차츰 얼굴이 빨개지고 목소리 톤은 높아지며 발음은 꼬이게 된다. 이미 커뮤니케이션의 방향은 뒤죽박죽되어 버렸다.

데일 카네기는 『성공 대화론』에서 용기와 자신감을 가지는 것부터 하라고 권한다. 사람들은 연단에 선 나를 보려는 것보다 내가 무슨 말을 하는 것에 관심을 기울이고 있다. 그렇기 때문에 당당하고 용기 있게 말을 할 수 있는 태도부터 갖추라고 하는 것이다.

이야기를 전하는 것과 보여주는 것은 다르다

스피치 베테랑과 초보자의 가장 큰 차이가 뭘까? 말을 잘하고 못하는 것의 차이는 말할 때의 모습만 봐도 알 수 있다. 경험이 많은 사람은 청중에게 '이야기'를 전하고 초보자는 말하는 '모습'을 보여주려 한다.

내가 아나운서 후배들이나 학생들에게 스피치를 가르칠 때 꼭 강조하는 것이 있다. 그것은 바로 결코 학예회에 나온 어린아이들처럼 보여서는 안 된다는 것이다. 청중에게 보이기 위해 말하지 말라고 신신 당부한다.

청중을 제압하지 못하면 자신이 준비한 내용을 효과적으로 전달할 수 없다. 커뮤니케이션의 방향이 내가 하고자 하는 말이 전달되는 것이어야 하는데 그렇지 못하면 나의 일거수일투족을 보여주는 것에 그치고 만다. 그렇다면 청중을 설득하는 것은 실패할 수밖에 없고, 나의 메시지는 허공에 사라질 뿐이다. 청중은 너무나 민감해서 앞에 나와 있는 사람에 대해 재빨리 파악한다. 그의 말을 하나도 빠짐없이 들어야 할 사람인지, 아니면 학예회에 나와 연기를 하는 아이를 보듯 요리조리 감상할 사람인지 기가 막히게 잘 안다.

경험이 적고 초보자일수록 무대 위에서 자신의 모습이 가려질수록 안심한다. 벽면 가득히 화면을 띄워놓고 강의하면 다소 차분하게 준비한 메시지를 전달할 수 있다. 반면에 환한 무대 위에서 오로지 자신에게만 모든 눈동자가 몰려 있을 때는 긴장하여 덜덜 떨게 마련이다. 그런데 청중 입장에서는 정반대이다. 청중은 화자가 많이 가려져 있거나 보이지 않을수록 벽을 느끼고 답답하다.

요즘에는 강연이나 연설하는 공간이 개방적인 곳이 많다. 그러나 전통적인 연설하는 곳에서는 여전히 나무로 된 높은 연단을 사용하여 말하는 사람의 얼굴, 가슴, 두 팔 정도가 보일 뿐이다. 나는 높은 연단이나 탁자로 가려져 얼굴만 보이는 경우를 좋아하지 않는다. 우선 나부터 답답해서 싫다. 어쩔 수 없이 그런 곳에서 강의할 때는 마이크를 들고 연단을 약간 벗어나 말하곤 한다.

말하는 것은 자신감이 없으면 곤란하다. 그 자신감은 말하기에 앞서 철저한 준비를 하는 것도 중요하지만 무엇보다 스스로 용기를 가지고 자신을 드러내는 마인드가 필요하다. 외적인 모습을 드러내는 것이 아니라 내가 가진 생각, 자아, 가치 등을 스스럼없이 사람들 앞에 보여줄 수 있다는 자신감을 가져야 한다. 자신을 드러내는 사람은 어두운 무대보다 환한 무대를, 자신을 가리는 연단보다 탁 트인 공간을 선호한다. 연단 뒤로 숨거나 청중의 시선을 피하는 행동은 하지 않는다. 또 작게 말하거나 우물우물 말하는 것도 전혀 도움이 되지 않는다는 것을 잘 안다.

내가 말을 서툴게 해서 사람들이 비웃으면 어쩌지 하는 고민 따위는 할 필요가 없다. 잘못 말하면 좀 어떤가. 내가 컴퓨터가 아닌데 늘 논리적으로 말할 수 없다. 뒤로 숨지 말고 앞에서 당당하게 말할 수 있다는 자신감이야말로 말하기의 가장 큰 자산이다. 청중의 눈을 똑바로 바라보고 내가 하고 싶은 말을 할 때 비로소 상대는 설득될 수 있다. 그래도 힘들다면 마인드 컨트롤을 해보는 것이다. '내 앞에 있는 청중은 모두 나보다 잘 모르는 사람들이다. 나만큼 이 내용에 관해 잘 아는 사람은 없다.'라고 말이다. 아마 조금 도움이 될 것이다.

칭찬의 말을 하자

칭찬을 마다할 사람이 얼마나 될까? 고래도 춤추게 한다는 칭찬은 듣고 또 들어도 기분이 좋다. 어린아이들도 좋아하지만 어른들도 칭찬을 좋아한다. "애들도 아니고 쑥스럽게……."라고 하면서도 자신의 존재를 긍정적으로 바라봐주는 것에 대해 상당한 의미를 부여하기도 한다. 또 어린 시절보다 칭찬을 듣는 경우가 드물다 보니 기쁨이 배가 되는지도 모르겠다.

칭찬은 두 가지로 한다. 잘한 일에 대해서는 "잘했어요." 그리고 딱히 구체적으로 잘한 일이 없더라도 엄지손가락을 척 올리고 적극 찾아다니면서 "훌륭해요."라고 말하는 것이 좋다. 내가 좋아하는 우리 노래 중에 「잘했군 잘했어」가 있다. 이 노래의 가사를 보면, 남편이 무엇을 해도 아내는 연신 "잘했군 잘했어!"를 쏟아낸다. 참으로 지혜로운 아내이다.

아내가 "뒤뜰에 놀던 병아리 한 쌍이 어디 있느냐"고 묻자 영감은 "늙은 자신을 위해 몸보신을 하려고 먹었다"고 대답을 한다. 그러자 아내는 "잘했군 잘했어"를 하면서 영감의 기분을 좋게 만들어준다. 만약에 "그 병아리를 먹으면 어떡하느냐, 닭으로 키워서 달걀을 낳게 하여 장에 팔아야 하는데 어째서 잡아먹었느냐?" 하고 따졌다면 어떻게 됐을까? 병아리는 이미 이 세상에 없어졌고 상황 끝이 되었는데 말이다. 어차피 없어진 병아리 때문에 얼굴을 붉혀가며 싸워봤자 사라진 병아리가 다시 나타나는 것도 아니다.

칭찬하려면 적극적으로 하는 게 좋다. 기왕 하는 칭찬인데 "훌륭하다"고 말해주면 얼마나 기분이 좋겠는가. 적극적인 큰 칭찬이라 해서 뭔가 대단한 일을 찾으라는 게 아니다. 평소에는 당연한 일이라 여기고 그냥 넘어간 것을 새삼 칭찬의 대상으로 삼는 것도 괜찮은 방법이다. 예컨대 집 안 청소를 해주는 남편이나 맛있는 저녁 식사를 마련해준 아내에게 평소에는 하지 않았던 "훌륭하다"는 칭찬을 해주는 것이다.

장점을 살리는 말

인간은 불완전한 존재이다. 누구나 장점이 있다. 반면에 단점도 만만치 않다. 온전히 장점만을 가진 사람은 없고 온통 단점만 잔뜩 있다고 할 만한 사람도 없다. 단지 장점을 계속 키우려 노력하고 단점을 보완하려 애를 쓸 뿐이다.

한 사람의 단점을 보완하려면 어떤 방법이 좋을까? 그 사람의 단점을 일일이 지적하는 것보다 자꾸 나아지는 점을 칭찬하는 방법이 좋다. 단점을 지적하는 말은 아무리 맞는 말이라고 해도 듣는 사람을 자꾸 위축시킬 수 있다. 위축된 마음으로 듣는 조언은 그저 쓴소리에 불과하다. 혀에 쓴 약이 몸에 좋다고는 하지만 너무 쓰면 삼키기도 전에 뱉어버릴 수 있다.

우리 사회는 단점을 지적하는 것을 쓴 약으로 비유하며 훌륭하게 인간을 키우는 방법이라 여기는 경향이 다소 있다. 때로 비난이나 비판으로 이어지더라도 도움이 되기 때문에 기꺼이 받아들여야 한다고 강요하는 것도 서슴지 않는다. 상대방이 받아들여야 하는 아픔과 마음의 깊은 상처는 감내해야 하는 대가라 생각한다. 과연 이 모든 지적과 비난은 참아야만 하는 것일까?

단점을 보완하고 장점을 살릴 수 있는 가장 좋은 방법은 칭찬이다. 금이나 은이 가치를 가질 수 있으려면 정제 과정을 거쳐야 한다. 금을 비롯한 온갖 물질이 뒤섞인 광석을 캐낸 뒤에 금을 추출하는 과정은 반드시 거쳐야 한다. 즉 애초부터 금은 온전히 금으로만 존재하는 것이 아니라 아무런 가치를 가지지 못하는 하찮은 것과 섞여 있던 것이다. 사람도 장점과 단점이 섞여 있다. 이 두 가지가 섞여 있지만, 정금처럼 만들기 위해서는 칭찬으로 다듬어야 한다.

아이에게 너무 칭찬하면 버릇이 나빠진다고 걱정하는 부모들도 있다. 그러나 칭찬을 많이 해준다고 해서 잘못된 경우는 사실 없다. 칭찬이라기보다 유아독존처럼 떠받드는 것이 문제일 뿐이다. 칭찬 때문에 교만해질 것을 경계하여 일부러 깎아내리고 윽박지르는 게 더 큰 문제를 낳는다. 어릴 적에 지나친 꾸중과 야단을 맞은 것이 나중에 자라서 어른이 된 후에도 마음의 상처로 남아 행동이나 생각에 좋지 않은 영향을 미치는 것이다. 직장에서도 사소한 말 한마디라고 해도 질책성이 곁들여지면 지나치게 위축되거나 경직되는 사람들이 있다.

칭찬은 사랑의 언어다. 펩토크Pep talk라는 것이 있다. 스포츠 경기에서 감독이 선수들이 경기를 치르기 전에 사기를 북돋기 위해 하는 간단한 연설 같은 것을 말한다. 공연을 앞두고 감독이 배우들에게 격려하는 말도 펩토크라 할 수 있다. 시합에서 승부가 기울어져 누가 봐도 질 것 같은데 감독이 질책보다 따뜻한 격려와 선수들에게 건넨 칭찬의 한마디를 하자 시합을 역전시킨다 하는 것은 영화에서만 나오는 얘기가 아닐 것이다. 가뜩이나 몸과 마음이 지쳐 있고 패배의 기운에 사로잡히려 할 때 무한한 긍정의 힘을 불어넣는 감독의 한 마디는 짜릿한 역전의 드라마를 만들어버리는 것이다.

드라마나 영화에서 보는 이순신 장군은 비장하고 엄격한 리더의 모습일 때가 잦다. 한 치의 어긋남이 없는 훈련과 단호한 군기로 부하들을 지휘했다. 그러나 이런 이유만으로 이순신 장군 휘하의 조선 수군이 정예의 군대가 될 수 있었던 것은 아니다. 이순신 장군은 전투에서 승리한 뒤에 조정에 보내는 장계에다가 부하들의 전공을 아주 세세하게 적어 보냈다고 한다. 모든 공을 자신의 영광이 아니라 부하들의 공로 덕분이었다고 했던 것이다. 이런 장수가 이끄는 군대이니 어찌 전투에서 쉽게 패할 수 있었겠는가.

칭찬은 세 가지의 요소로 그 효과를 더욱 키울 수 있다. 첫째는 진실성이다. 흔히 말하는 진정성이 담긴 칭찬이어야 한다. '영혼 없는' 칭찬, 즉 마음에도 없는 입에 발린 칭찬 따위는 듣는 사람도 쉽게 알아채고 그저 흘려듣고 만다.

둘째는 막연한 칭찬보다 구체적인 칭찬을 해줘야 한다. "일 잘하네."라고 말하는 것보다 "꼼꼼하게 확인해서 오차가 없게 했으니 참 잘했다."라고 해주는 것이 더 효과적이다. 그리고 칭찬받는 대상이 함께 포함되어야 좋다. "스카프 멋있네."보다는 "그 스카프 당신과 참 잘 어울려요."라고 말하는 것이 더 효과적이다. "잘했어." "수고했어." 라고만 하기보다 "당신 덕분에 이번 계약이 잘 이루어졌어요."라거나 "자네가 아니었으면 이번 사고는 수습하기가 어려웠을 거야."라는 말을 들으면 저절로 어깨가 으쓱해지고 자신이 존중받는다고 생각하게 마련이다.

셋째는 결과에 대해 칭찬해주지 못하면 과정과 노력에 대해 칭찬해 주라는 것이다. 경쟁이나 시합에 나갈 때는 모두가 우승하는 것은 아니다. 그러나 칭찬의 몫이 우승자에게만 돌아가서는 안 된다. 회사에서 아이디어 경연대회를 열었다면 당선되지 못한 사람들도 최선을 다한 것이라면 칭찬해줘야 한다. 그래야 다음을 기약하며 동기부여가 되어 열심히 한다.

그리고 가까운 사람일수록 칭찬에 인색한 문화도 바뀌었으면 좋겠다. 부부 사이에 칭찬을 주고받는 경우를 좀처럼 보기 어려운데 아내가 종일 집 안 청소를 했음에도 창틀에 먼지가 좀 남아 있다고 타박부터 하는 남편은 얼마나 밉상인가. 또 집안일을 돕겠다고 남편이 설거지를 했다. 그런데 시간이 좀 오래 걸린다고 "왜 그렇게 못하나?"고 핀잔을 주는 아내는 또 얼마나 얄밉겠는가. 김치찌개를 정성껏 끓여 온 아내에게 "김 없어?" 한다면 아마 다시는 정성스런 찌개가 상에 올라오길 기대하지 않는 게 좋다. 칭찬은 상대의 노력과 공로를 빛나게 해주면서 서로의 관계도 더 긍정적으로 만들어주는 소통의 윤활유가 된다. 윤활유가 아니라 녹이나 슬게 하는 말은 안 하느니 못하다.

한 가지 덧붙이자면 칭찬받는 사람의 태도 또한 중요하다. 칭찬의 말을 들었을 때 겸양의 뜻이 너무 지나쳐 칭찬한 사람의 의사를 뭉개

버리는 것도 민망한 일이다. "시계가 참 잘 어울리시네요."라고 칭찬했는데 "싸구려예요."라고 한다든가 "이번 프로젝트 참 잘하셨습니다."라고 하는데 "저 같은 사람이 뭘요." 한다면 칭찬하는 사람이 무안해질 수도 있고 다시는 칭찬하고 싶은 마음이 사라질 수도 있다.

　칭찬의 효과는 반복으로 더 커진다. 인생에서 멈춤이란 없다. 오늘이 지나면 내일이 찾아오고 어제의 무더위가 곧 쌀쌀한 바람이 부는 날씨로 바뀐다. 사람도 마찬가지다. 칭찬받을 일이 오늘만 생기는 게 아니다. 올해 승진했다면 승진을 축하하고 그 성과를 칭찬해줘야 한다. 그리고 다음 달에 중요한 프로젝트를 잘 마무리했다면, 이 또한 칭찬을 구체적이고 적극적으로 해주는 게 당연하다.

평생 나를 살리는 칭찬 한마디

　딸아이가 초등학교에 다닐 때였다. 학교에서 돌아온 딸이 재잘거리다가 문득 이런 질문을 던졌다.

　"엄마는 어렸을 때 꿈이 뭐였어?"

　딸아이가 그날 학교에서 꿈에 대해 배웠는데 선생님께서 집에 돌아가 부모님께서 어렸을 적에 가졌던 꿈에 대해 알아오라는 숙제를 내줬다는 거다. 잔뜩 궁금한 눈으로 나를 바라봤다. 곰곰이 생각하던 내가 "의사나 피아니스트?" 하고 대답해줬다.

　그러자 아이는 아쉬운 얼굴로 말했다.

　"엄마는 꿈을 하나도 이루지 못했네."

　문득 어릴 적의 꿈이 떠올랐다. 나의 꿈은 의사였고 고등학교 2학년 때 문과반과 이과반을 선택할 때도 당연히 이과반을 택했다. 그러나 생물 과목을 좋아하는 것 말고는 수학, 물리, 화학 등은 공부하는 내내 머리를 지끈거리게 했다. 결국 나는 점수가 잘 나왔던 국어와 영어 과목을 살리는 게 낫다는 생각에 3학년 때 다시 문과반으로 옮겼다. 입시성적을 올리기 위한 선택이었지만 자연스레 의사의 꿈은 접어야만 했던 것이다.

의사의 꿈은 접었지만, 그즈음에 새로운 꿈이 마음속에 자리 잡았던 것이 생각났다. 바로 아나운서가 되겠다는 꿈이다. 나는 딸아이에게 의사와 피아니스트 말고도 아나운서의 꿈을 가졌노라고 말해줬다. 그리고 그 꿈을 가지게 된 이야기를 아이에게 들려줬다. 한 선생님의 칭찬 한마디 덕분에 아나운서를 꿈꾸게 됐다고 말이다.

여고 시절, 국어 시간만 되면 우리는 잔뜩 긴장하기 일쑤였다. 당시 국어과목을 맡았던 이정숙 선생님은 매우 무섭고 엄한 분이셨다. 성적과 관련한 꾸중보다 머리카락이 길다거나 용모가 단정하지 못하다는 이유로 혼날 때가 잦았다. 그러니 그 선생님께서 계시면 모두 주눅이 들 수밖에 없었다. 하지만 엘리엇의 시를 읊어주실 때는 누구보다 더 문학적 감수성을 드러내시기도 했다. 그럼에도 그분을 보면 두려움이 앞섰다.

어느 날이었다. 그분의 수업시간이었는데 갑자기 나보고 앞으로 나오라고 하셨다. 나는 순간 무슨 잘못을 저질렀는지를 생각할 정도로 긴장하며 자리에서 일어났다. 선생님은 교과서를 가지고 나오라고 하셨다. '교과서'의 발음도 '교꽈서'라 하지 않고 정확하게 발음하시는 분이 책을 들고 나오라니 대체 무슨 일인가 싶었다. 긴장한 마음으로 앞에 나왔더니 선생님은 교과서를 읽으라고 하셨다. 나는 시키는 대로 교과서를 읽었다. 나의 책 읽는 모습을 물끄러미 바라보시던 선생님은 "그만 됐어요." 하시며 반 친구들에게 몸을 돌리셨다. 그리고 많은 친구 앞에 말씀하셨다.

"어때요? 참 듣기 좋지요?"

나는 순간 귀를 의심했다. 무서운 선생님으로부터 칭찬을 듣다니 전혀 예상하지 못한 일이었다. 그리고 그때의 칭찬 한마디는 새로운 꿈을 키우는 씨앗이 되어 내 마음에 고이 심어졌다. 그때부터 선생님은 학교의 중요한 행사 때마다 나에게 사회를 보라고 하셨다. 그때의 경험이 아나운서의 꿈을 더욱 영글게 했던 것이다.

사람들의 동경과 존경을 받는 유명 인물들도 자신에게 큰 영향을 미친 사람의 말 한마디가 성공의 씨앗이 된 경우가 많다. 미국의 유명한 여성 앵커인 바바라 월터즈는 1976년에 자신이 13년이나 진행했던 NBC 아침뉴스 「투데이」를 그만두고 ABC로 이적했다. 저녁 뉴스의 공동 진행자로 영입된 것이다. 방송국의 저녁 뉴스는 그 회사의 얼굴과도 같다. 그런 프로그램에 가게 됐으니 엄청난 부와 명예를 얻게 됐다. 그러나 그녀의 승승장구는 다른 사람들의 질시와 근거 없는 모함을 낳고 말았다. 그녀를 향한 악성루머와 비난은 멈출 줄 몰랐다. 그녀는 연일 계속되는 시기와 질투에 힘든 나날을 보내야만 했다.

그런 그녀에게 힘을 준 것은 당대 최고의 배우인 존 웨인에게 온 한 통의 전보였다. 전보에는 "그 못된 악당 녀석들이 당신을 끌어내리지 않게 하시오."라고 적혀 있었다고 한다. 그전에는 한 번도 만난 적이 없는 존 웨인이 격려의 말을 보낸 것이다. 바바라 월터즈는 그 말 한마디에 힘을 얻고 질시와 모함에 무릎을 꿇지 않았다. 한참이 지나서야 그녀는 존 웨인을 직접 인터뷰하게 됐는데 그때의 감사함을 전했다고 한다. 그리고 인터뷰 다음날에 폐암과 위암으로 힘들어하던 존 웨인은 병원에 입원했고 영영 돌아오지 못했다.

　말 한마디가 천 냥 빚을 갚고 사람의 목숨을 죽이고 살릴 수도 있다. 진실하게 구체적으로 노력과 과정을 칭찬하는 말은 인생의 꿈을 키우게 한다. 또 반전의 계기를 마련하는 듬직한 지렛대가 될 수도 있다. 칭찬 한마디가 평생 나를 살릴 수 있는 것이다.

"고마워요!"로 시작하자

"척, 잘 들어두렴. 불행한 사람들은 자기가 갖지 못한 것만 보면서 신세를 한탄한단다. 반면 행복한 사람들은 자기가 느낀 것에 충분히 만족해하며 감사를 느끼지. 너는 어느 쪽인지 수시로 생각해 보려무나."

미국 NBC 방송의 유명한 여성 앵커인 데보라 노빌의 저서 『감사의 힘』에 나오는 구절이다.

감사한 마음을 늘 가지는 사람은 자신을 둘러싼 상황을 긍정적으로 바라본다. 단지 감사하다고 고맙다고 할 뿐이다. 그런데 그 말을 통해 어려운 고비나 위기마저도 긍정적으로 해석하는 것이다. 또 이런 말을 하는 사람을 삐딱한 시선으로 바라볼 사람은 그리 많지 않다. 해맑게 웃으며 감사하다는 말을 하는 사람의 얼굴에 누가 침을 뱉고 손가락질을 하겠는가?

데보라 노빌은 행복해지려면 감사하는 마음을 가지라고 한다. "고맙습니다"라는 말을 하는 순간부터 나이, 종교, 인종, 경제적인 형편과는 상관없이 누구나 만족한 삶을 산다는 것이다. 단지 그 말 한마디로 행복해질 수 있고, 또 사람들과의 소통도 긍정적이 된다고 하니 안

할 이유가 없지 않은가.

감사한다는 말은 관계를 부드럽게 만드는 힘을 발휘한다. 아무리 어려운 상황이 와도 감사한 마음을 가지는 사람은 주위와의 관계를 갈등과 대립보다 조화와 협력으로 만들어낸다. 또 인생을 긍정적으로 만드는 효과도 기대할 수 있다.

감사하고 또 감사하라

김정운 교수의 『나는 아내와의 결혼을 후회한다』는 제목의 책이 있다. 그 책에는 그가 아내와 책 제목 때문에 나눈 이야기가 나온다. 김 교수가 자신이 지은 책 제목을 아내에게 말해줬는데 아내의 표정이 딱딱하게 굳어졌다. 아내는 심각한 표정으로 정말 자신과 결혼한 것을 후회하느냐고 물었다. 김 교수는 잠시 머뭇거리며 "아주 가끔" 그렇게 생각한다고 대답했다. 그러자 아내는 창밖을 물끄러미 바라보면서 이렇게 혼잣말을 하더라는 것이다. "나는 만족하는데……." 김 교수는 아내의 말에 죄책감이 들었다. 그래서 얼굴이 붉어질 만큼 민망해하는데 아내의 뒤이은 말이 걸작이었다. "아주 가끔"

이 내용을 보면서 한참을 웃었다. 그런데 사실 요즘 부부들을 보면 대체로 이런 심정을 가진 사람들이 많다고 한다. 부부나 연인 관계에 있는 사람이라면 혹시 스스로에게 물어보자. 현재 상대방과의 관계에 대해 후회를 하는지, 아니면 만족하는지 말이다. 책에 나온 말처럼 아주 가끔 후회하는가? 혹은 아주 가끔 만족하는가?

소통은 관계에서 이루어진다. 사람은 홀로 살 수 없다. 직장이나 학교 심지어 가족끼리도 서로 관계를 맺으며 살고 있다. 그 관계가 없다면 아무것도 할 수 없다. 따라서 소통을 할 수 있는 사람이 있다는 것만으로도 감사할 따름이다.

직장에 만족하는지 따져보기 전에 내가 다닐 직장이 있다는 것이 감사하다. 사장은 회사를 위해 일을 해줄 직원이 감사하고 직원은 자신을 채용해준 사장이 고마운 것이다. 이런 감사의 마음으로 서로 바라본다면, 갈등의 여지는 상당 부분 해소되지 않을까.

요즘 세대 간의 갈등과 불통이 사회적인 문제로 떠오르고 있다. 사실 나이가 들수록 입은 다물고 지갑은 열라는 말이 있다. 하지만 나는 입을 마냥 다물고 있기보다 감사하다는 말을 자주 썼으면 한다. 지하철이나 버스에서 자리를 양보하는 젊은이의 행동이 마치 당연한 것으로 여기는 것보다 고맙다고 말 한마디 건네줘야 하지 않을까. "내가 젊었을 때는 말이야."라고 시작하는 일장훈계보다 훨씬 더 관계를 부드럽게 만들 것이다. 또 감사하다는 그 말에 자리를 양보하는 미덕이 좋은 것이라는 생각을 더 강하게 가지지 않겠는가.

오랫동안 밤샘 근무까지 한 덕분에 해외에서 주문한 제품을 전량 납품한 회사가 있었다. 사장은 직원들이 고생을 많이 했으니 뭔가 챙겨주고 싶은 마음이 들었다. 마침 회사 창립기념일도 다가오고 있어서 격무에 시달려 몸이 많이 지쳐 있는 직원들을 위해 선물을 준비했다. 몸에 좋다는 건강식품을 비싼 돈을 주고 사서 직원들에게 준 것이다.

직원들은 사장의 선물에 깜짝 놀랐지만 얼떨결에 말실수를 하고 말았다. 얼마나 비싼 제품인지를 서로 이야기하더니 "차라리 돈으로 줬으면 좋았을 텐데."라는 말을 하고 만 것이다. 직원들은 선물 대신에

현금으로 줬으면, 정작 자신들이 원하는 것을 살 수 있었을 것이라는 아쉬움을 나타냈다. 하지만 사장은 너무나 서운했다. 회사 형편이 그리 좋은 것도 아니고, 또 밤샘 수당은 지급규정에 맞춰주는 것이다. 그러나 너무 고생했다는 마음에 특별히 자신의 지갑을 털어 마련한 선물인데 직원들의 반응이 차라리 돈으로 줬으면 하니 여간 서운한 게 아니었다.

직원들의 반응에 사장은 이제 어떤 생각을 했을까? 아마도 두 번 다시 선물 따위는 하지 않으리라 마음을 먹지 않았을까. 직원들은 선물을 받았을 때 곧바로 기쁜 마음으로 고맙다고 했어야 한다. 그래야 사장은 다음에도 행복해 하는 직원들을 위해 더 좋은 선물을 준비하려고 하지 않겠는가. 직원들은 감사한 마음과 감사의 언어를 사용하는 것에 인색했던 나머지 정해진 월급과 보너스 말고는 더 이상 기대할 수 없게 된 것이다.

목숨을 바치고 싶을 만큼 고마운 일은 실제로 살면서 그리 많이 일어나지 않는다. 어쩌면 우리가 감사의 마음과 언어에 인색한지도 모르겠다. 하지만 소소한 일상에서 감사함을 느껴보자고 마음을 먹으면 얼마든지 감사할 일이 있다. 바쁜 업무를 도와준 동료가 감사하고 자리를 양보해준 젊은이가 고마울 따름이다. 이런 고마움을 담은 마음과 감사의 말을 습관처럼 쓸 수 있다면, 그것만으로도 스피치의 기본을 갖춘 셈이 된다.

감사하다는 말을 자주 쓰는 사람들의 표정은 대체로 밝다. 또 행동에도 겸손함이 배어 있다. 밝은 표정을 짓고 말을 하니 듣는 사람도 기분이 좋다. 감사의 마음과 언어를 쓰는 사람은 당연히 적대적인 관계도 만들지 않는다. 상대를 무시하거나 이기려 하지 않는다. 이런 사람의 말하기는 상대방이 경청할 수밖에 없다. 다소 서툰 말솜씨라도 얼마든지 귀를 열고 즐거운 마음으로 이야기를 들어줄 것이다.

스코틀랜드 스털링대 조사로는 감사하는 사람은 그렇지 않은 사람에 비해 면역력이 평균 1.4배 높았고 심장병 발병 확률이 3분의 1 정도 낮게 나타났다고 한다. 영국 워릭대 조사를 보면 "삶을 감사하게 여긴다"는 사람은 "나는 불행하다"고 응답한 사람에 비해 우울증 증세를 보인 경우가 절반 가까이 낮게 나타났고 감사하며 사는 사람으로 분류된 실험자의 40%가 모두 양질의 잠을 자는 것으로 조사되었다.

현재 내가 이사장으로 몸담고 있는 한국청소년활동진흥원KYWA은 전국의 청소년을 비롯한 부모 교사 청소년 지도자들을 대상으로 감사운동을 펼칠 계획이다. "고마워Yo!(고마워요)"라고 이름 지어진 이 프로그램은 특별히 고안된 감사앱으로 날마다 3명에게 감사 메시지를 전달한다. 100만 명을 목표로 진행될 이 감사운동은 이전의 여러 기관에서 실천하고 크게 효용을 본 좋은 프로그램이다.

실제로 중앙대 부속 초등학교에서는 감사 프로그램 진행 이후 아이들의 행복지수가 79%에서 91%로 12% 포인트 증가했고 그 기간 학교폭력은 단 한 건도 발생하지 않았다. 국방부의 감사캠페인은 자살자를 현저하게 감소시키는 결과(2014년 67명에서 2015년 56명)를 가져왔다. 포스코에서도 이 프로그램을 통해 직원들의 행복지수가 26% 포인트가 증가했다고 한다.

미리 감사하라

지난 2000년에 당시 현역 국회의원이었던 남편이 총선에서 낙선했다. 그런데 나는 그때 '범사에 감사하라'는 신앙의 가르침을 받고 있던 터라 일단 무조건 감사 기도부터 드렸다. "떨어뜨려줘서 감사합니다."라고 기도를 한 것이다. 사실 그 당시에는 그렇게 기도를 하면서도 대체 무슨 이유로 낙선에 대해 감사를 해야 하는지 잘 몰랐다. 그렇지만 감사하다는 기도를 계속하다 보니 어느덧 감사할 일이 하나둘씩 눈에 들어오기 시작했다.

내가 가장 감사했던 것은 선거를 치르느라 돌아보지 못했던 나 자신과 가족을 돌아볼 수 있게 된 것이다. 선거운동을 하는 동안에는 내가 아픈 것보다 지역 주민이 아픈 게 우선이었고 집안의 경조사보다 지역 주민의 대소사가 먼저였다. 그러나 이제는 나와 내 가족을 차분히 돌볼 수 있는 여유가 생긴 것이다. 가만 보니 첫 선거를 치르고 이듬해에 태어난 우리 딸아이는 벌써 네 살이 됐다. 그동안 선거 뒷바라지를 하다 보니 아이가 어떻게 자라고 있는지도 몰랐다. 그런데 이제는 사랑스러운 딸아이에게 엄마 노릇을 제대로 할 기회와 시간이 생긴 것이다.

감사할 일은 또 있었다. 선거에 떨어지고 나니 나와 남편이 진정으로 믿을 수 있는 사람들과 그렇지 않은 사람들이 가려졌다. 정치인들은 당선만 되면 주변에 사람들이 구름처럼 몰려든다. 그러나 선거에 떨어지면 썰물 빠지듯 순식간에 떠나버린다. 그런데 가만히 보니 모두 다 떠난 것이 아니었다. 몇몇 분들은 여전히 우리 곁에 남아 있었다. 좌절과 실패를 겪는 순간에 함께 곁에 있어 주는 사람들이야말로 진실한 우리의 친구들이었던 것이다.

　나는 당선만이 영광이고 성공이라 할 게 아니고 낙선이 반드시 실패와 좌절만을 뜻하는 것도 아니라는 것을 알게 됐다. 이런 깨달음을 얻게 된 후부터 더욱 감사하다는 말을 자주 쓰게 됐다. 감사하고 또 감사하다고 말하고 다니면 정말 감사할 일이 생긴다. 감사의 타이밍은 감사할 일이 생기기 전이다. 미리 감사할 줄 알고 감사하다는 말을 하고 다니는 일상이 감사할 일을 만든다. 감사는 영혼의 치료제라고 한다. 늘 고맙다는 말을 습관처럼 입에 달고 있으면 상대방에게 공명의 효과를 불러일으키고 위기나 고비를 겪을 때도 절망보다 재기의 희망을 품게 하는 효과가 있다.

　미국기업연구소 소장인 아서 브룩스는 한 신문의 칼럼을 통해 "감사하다"고 외치면 행복해질 수 있다고 했다. 그는 신경과학계의 한 연구결과를 인용했는데, 감사하는 마음이 유전자에 영향을 미친다는 것이다. 감사하는 마음을 가진 사람은 변이된 유전자를 가지게 되고, 이런 사람들은 늘 긍정적인 감정을 가지려 한다. 이런 유전자가 없어도 감사하는 자세와 마음을 가지면 훨씬 더 행복해질 수 있다는 것이다.

　실제로 똑같이 1주일 동안 한 그룹은 감사한 일을 적으라 했다. 또 다른 그룹은 힘들었던 일을 기록하라고 한 실험에서도 행복의 만족도 차이는 컸다고 한다. 당연히 감사한 일을 일주일 동안 적은 사람들의 만족도가 훨씬 높았다는 것이다. 그가 쓴 칼럼에는 이런 내용도 나온다. 사람들이 20초 동안 미소를 지으며 눈가 주름을 만들게 하면 눈의 주위에 있는 안륜근을 사용하게 된다. 그렇게 미소를 짓는 사람은 긍정적인 감정과 연관된 뇌 부위에 자극이 전해진다는 것이 과학적으로 증명됐다고 한다. 감사하다는 외침만으로 자신을 긍정적으로 만든다고 하니 나뿐만 아니라 상대도 행복하게 만드는 긍정의 기운을 불러올 수 있다. 단지 감사하다는 말 한마디의 힘이 이토록 큰 것일까?

"미안해요!" "괜찮아요!" 하자

한국 사람들은 감정 표현에 서툰 편이다. 솔직하게 감정을 드러내는 것도 서툴고 상황을 악화시킬 수 있는 감정을 감추는 것도 어색하다. 어릴 때부터 근엄하고 가부장적인 유교 문화에 길들어 있으니 감정 표현이 쉽지 않은 것 같다. 자신이 잘못하고도 미안하다는 말이 쉽게 나오지 않는다.

요즘 보복운전으로 말미암은 사고 보도가 자주 뉴스에 나온다. 길을 비켜주지 않는다든지, 자신의 차량을 추월해 가는 것도 용서하지 못한다든지 하는 사람들이 많다. 자신의 실수로 자동차 추돌 사고가 나도 미안하다는 말보다 보험회사 부르자는 말부터 나온다. 사람이 다쳤는지 아닌지 살펴보고 자신의 운전 부주의에 대해 미안하다는 사과부터 해야 하는 게 상식이지 않을까. 그러나 이렇게 접촉사고가 났을 때는 책임이 누구에게 있는지를 공정하게 따져보려는 것에 앞서 목소리 큰 사람이 이기는 상황이 되는 경우가 많다. 이런 사람들을 보면, 도대체 무슨 이유로 저렇게 마음이 강퍅해져 있는지 궁금하다.

꼭 사고현장 같은 긴박한 상황이 아니라도 날마다 생활 가운데 누군가 실수를 하는 경우는 참으로 많다. 가정과 직장에서도 마찬가지다. 이때 필요한 말은 바로 "미안해요."와 "괜찮아요."이다. 내가 잘못했을 때는 곧바로 "미안해요."라고 말할 수 있어야 하고 상대의 잘못에 대해서는 너그러운 마음으로 "괜찮아요."라고 할 줄도 알아야 한다. 이 두 가지 말만 제때 해도 말하기의 달인, 소통의 전문가로 인정받을 수 있다.

한 가정의 이야기를 들어보자. 출근 준비를 하던 남편이 와이셔츠에 단추가 떨어진 것을 발견했다. 남편은 단추가 떨어진 와이셔츠를 들고 아내를 찾았다. 그리고 단추가 떨어졌다고 한마디 툭 건넸다. 그런데 아내의 표정이 심상치 않다. 단추가 떨어졌다는 말 한마디에 담긴 의미가 무엇인지 짐작이 가기 때문이다. 아내는 남편의 말 속에 종일 집에서 지내는 사람이 단추 한 개도 제대로 달아놓지 않고 뭐 하느냐는 질책이 담겨 있다는 생각에 "내가 종일 집에서 노는 줄 알아?" 하고 퉁명스럽게 대꾸를 한다.

남편은 그 말에 뿔이 나고 말았다. 그저 단추가 떨어졌다고 말했을 뿐인데 왜 트집이냐고 되받았고 곧 큰 말싸움이 시작됐다. 그동안 마음속에 쌓였던 상대방에 대한 불만과 섭섭함이 한꺼번에 쏟아져 나온다. 왜 쓸데없는 물건을 많이 사느냐, 가계부는 제대로 쓰고 있느냐, 아이들 학원도 왜 그리 많이 보내느냐 등 온갖 트집을 잡는다. 떨어진 단추 하나의 나비효과가 집안에 태풍을 몰고 온 셈이다.

존중의 말, 화해의 말

작은 와이셔츠 단추 하나가 불러일으킨 나비효과는 부부 사이에 냉전을 몰고 왔다. 만약 남편이 단추가 떨어졌다고 했을 때 아내가 곧바로 "어머, 미안해요. 발견하지 못했어요."라고 말했더라면 나비의 날갯짓은 소용돌이를 만들어내지 않았을 것이다. 남편이 정말로 그 말 속에 아내를 질책하는 뜻이 담겨 있었다고 해도 말이다. 변명이나 퉁명스러운 대꾸가 아니라 자신의 잘못이라 하면서 미안하다고 하는데 어찌 비난의 화살을 날리겠는가.

사람들은 대체로 잘못을 지적받으면 당장 미안하다는 말보다 방어 자세를 취하려 한다. 변명부터 하려고 한다. 잘못은 인정하고 미안하다는 말부터 해야 하는데 말이다. 그리고 그 변명은 상대방으로 하여금 트집이 잡히고 트집을 잡는 게 못마땅해서 방어하던 자세가 어느새 공격적인 자세로 바뀌어 말로 서로 드잡이를 하게 되는 것이다.

미국의 오바마 대통령이 지난 2008년에 대선후보로 출마할 때였다. 그는 한 자동차 생산 공장을 방문하였다. 대선후보가 나섰으니 당연히 수많은 기자가 취재에 나섰다. 현장의 기자 중에서 한 여기자가 오바마에게 질문을 던졌다. 그런데 오바마가 "잠시만요, 스위티"라고 하면서 질문에 대한 답변을 미뤘다고 한다. 이 장면은 곧바로 큰 논란으로 떠올랐다.

답변을 미룬 것도 문제였지만, 무엇보다 '스위티sweetie'라는 표현을 쓴 게 도마 위에 올랐다. 원래 가까운 애인이나 친구끼리 쓰는 말인데 공적인 자리에서 공식적으로 취재활동을 하는 공인인 기자에게 스위티라고 했으니 여론이 좋지 않았다. 이 표현은 자칫 성희롱으로 비칠 수 있다.

오바마는 공장에서 일어난 일 때문에 논란이 일어나자 즉각 그 기자에게 전화를 걸어 잘못에 대한 개인적인 사과를 했다. 또 홍보팀을 통해 공식적으로 사죄하겠다고 밝혔다. 만약 그때 오바마가 그저 말실수에 불과했다고 변명만 일삼고 해당 기자에게는 사과조차 하지 않았다면 어떻게 됐을까? 미국 사회는 성차별, 인종차별, 성희롱 등에 대해 법적인 조치가 아주 강력하다. 그만큼 선거에도 좋지 않은 영향을 끼쳤을지 모른다.

우리나라의 정치인이나 공인들은 말실수해도 쉽게 넘어가려 한다. 한참 동안 논란이 이어지면 마지못해 사과하는 모습을 종종 보게 된다. 뒤늦게 떠밀리듯 하는 미안하다는 말이 얼마나 설득력이 있겠는가. 때로 사과는커녕 억지 변명을 하거나 되레 피해자를 모함하는 경우도 있다. 취중에 그랬다거나 자신을 음해하기 위한 사람들의 거짓말이라고 넘겨버리려는 것이다. 그러다가 나중에 사실이 밝혀졌을 때야 90도로 허리 숙여 사과한다. 하지만 그때는 늦었다. 이미 사람들의 마음은 떠나버리고 만 뒤다. 어설픈 변명은 화를 키우는 불쏘시개로 작용한다. 자신을 지적하는 상황에서 변명이나 되레 공격적인 모습을 보이는 것보다 일단 잘못된 것은 잘못한 것이라고 즉각적으로 인정하며 미안하다고 말하는 게 좋다. 그래야 잘못에 대해 초점을 맞출 수 있다.

단추가 떨어진 것이라면 "미안해요. 곧 달아 드릴게요." 하면 끝나는 것이다. "그 많은 셔츠 중에 꼭 그걸 골라 입을 게 무어람?" 하고 투덜거려봐야 해결이 나지 않는다. 더욱이 변명과 거친 말대꾸는 작은 단추 하나로 끝날 문제를 살림살이와 아이들 교육문제까지 번지게 하고 만다. 남편도 아내의 미안하다는 말에 집안일에 바쁠 텐데 괜찮다고 하면 부부의 관계는 더욱 좋아질 것이다.

미안하다고 먼저 말을 했다면, 더 이상 토를 달지 않는 게 좋다. "미안해, 그런데 말이야"로 시작하는 변명과 남을 탓하는 말을 꺼내면 미안하다는 말의 효과를 반감시킬 뿐더러 진정성마저 의심받게 된다.

그렇다면 상대방이 잘못을 저질렀을 때는 어떻게 해야 할까? 그냥 뒷짐 지고 "어디 보자, 미안하다고 언제 말할 건지 보자."라고 기다리면 안 된다. 상대가 잘못했을 때는 너그럽게 "괜찮아요"를 해야 한다. 누가 먼저 미안하다는 말을 할지를 따지는 것은 무의미하다. 상대가 잘못했는데 미처 미안하다는 말을 하기 전에라도 내가 먼저 괜찮다고 하면 된다. 뭔가 실수나 잘못을 한 사람은 이미 잔뜩 경계하며 변명을 하려고 할 것이다. 어쩌면 마음속 깊은 곳에서는 정말 미안하다는 생각을 이미 하고 있을지도 모른다. 그때 내가 먼저 "괜찮아."라고 하는 것이다. 그러면 상대는 변명은커녕 고마움을 느낄 것이다. 또 스스로 반성하며 잘못을 고치고 두 번 다시 똑같은 실수를 하지 않겠다고 마음도 먹을 것이다. 별일도 아닌 것을 가지고 마침 잘됐다는 식으로 민망하게 만드는 지적은 반성보다 반발하는 마음만 더 키운다.

"미안해요."와 "괜찮아요."는 존중과 화해로 긍정적인 관계를 만들겠다는 것이다. 자신의 실수에 대해 미안하다는 말을 하는 것은 나의 자존심보다 상대와의 관계를 존중한다는 의미를 담고 있다. 간혹 그리 큰 잘못도 아니고 또 어쩌면 내 실수와 잘못보다 상대방에게 문제의 원인이 있을 수 있다. 그럼에도 내가 먼저 미안하다는 말을 꺼낸다는 것은 서로의 관계가 갈등이나 대립으로 접어들지 않도록 하겠다는 의지의 표현이 될 수 있다.

좋은 말이 비단옷보다 더 따뜻하다

"아, 신은경이…… 옛날엔 참 예뻤는데……. 신은경도 세월을 빗겨 가지 못하네."

예전에 한 식당에 들어섰을 때였다. 나이 지긋한 분들이 1층 홀에 앉아 있다 하시는 말이 귀에 들어왔다. 그런데 어깨너머로 들리던 이 야기에 나는 그만 얼굴을 그쪽으로 돌리지도 못하고 2층으로 서둘러 올라가 버렸다. 민망하기도 하고 약간 마음이 상하기도 했다. 보통 처음 만나는 분이라도 나를 알아봐 주시면 반갑게 인사를 하곤 한다. 그런데 그날만큼은 인사는커녕 외면 아닌 외면을 하고 말았다. 2층으로 오는 동안 속으로 섭섭한 마음이 가득했다.

'아니, 그럼 세월이 그만큼 지났는데 나도 당연히…….'

너무 정직한 말이라도 상대의 마음을 상하게 할 수도 있다는 것을 깨달은 순간이었다. 사람들은 오랜만에 만나면 반가운 마음에 첫 느낌을 불쑥 표현하고 만다. 얼굴이 좋아졌네, 얼굴이 안돼 보이네 하며 보자마자 생각나는 말을 곧이곧대로 꺼내버린다. 얼굴이 좋아졌다는 말처럼 듣기 좋은 말이야 무슨 문제가 있겠는가.

"살이 쪽 빠졌네. 요즘 어디 아파? 흰머리가 많이 늘었어. 염색 좀해."

한껏 모양을 부리고 모임에 참석한 지인이 있었다. 그녀는 요즘 운동을 해서 살이 쪽 빠져 기분이 좋았다. 그런데 누군가 그를 보더니 그동안 어디 아팠냐고 하니 기분이 어땠을까.

마음에도 없는 거짓말이나 상대에게 피해를 주는 속임수의 말을 해서는 안 되겠지만, 굳이 상대의 기분을 상하게 하는 말을 할 필요는 없다고 생각한다. 또 친구나 직장 동료 사이에서 가벼운 인사말이 오가는 수준에서 상대의 기분을 상하게 하는 말을 할 이유가 없다. 괜히 눈치 없는 사람으로 낙인찍히거나 일부러 사람의 속을 긁는 모난 사람으로 비쳐질 수 있다. 말은 정직하게 할 때와 잠시 멈출 때를 구분할 수 있어야 한다.

한 방송사에 출연자로 나간 적이 있었다. 진행자는 나를 보더니 친숙한 목소리로 인사했다.

"아, 반가워요. 많이 변했네요."

새삼 세월의 덧없는 흐름을 일깨워주는 인사였다. 그러나 바로 뒤에 나오는 말을 듣고 깜짝 놀랐다.

"그런데 더 젊어졌어요!"

그분은 20, 30여 년 전의 KBS 9시 뉴스를 진행하던 내 모습을 기억하고 있었을 것이다. 나는 1981년부터 1992년까지 KBS 9시 뉴스를 진행했다. 그런데 2011년에 더 젊어졌다는 것은 분명히 사실이 아니다. 그럼에도 그 말을 들은 나는 기분이 좋을 수밖에 없었다. 괜히 벙글거리면서 더욱 살갑게 인사를 나누면서 좋은 관계를 맺을 수 있었다.

'선어난어금의善語暖於錦衣'라는 말이 있다. 좋은 말이 비단옷보다 더 따뜻하다는 뜻이다. 아부와 같은 쓸데없는 말 잔치가 아니라 따뜻한 느낌이 드는 말 한마디는 비싼 선물을 안겨다 주는 것보다 더 큰 호감을 느끼게 해준다.

가까운 사이일수록 듣기 좋은 말을 건넬 수 있어야 한다. 식욕이 마구 생겨 밥을 먹던 나는 남편 앞에서 머쓱한 나머지 "그만 먹어야 하는데……. 나 살 빼야 하는데……." 하며 말을 흐렸다. 그때 남편은 이렇게 말했다.

"당신이 살 뺄 데가 어딨어?"

나는 깜짝 놀랐다. 나를 놀린다고 생각했다. 내 표정을 본 남편은 덧붙여 이렇게 말했다. "남편 뒷바라지해야지, 아이 돌봐야지. 당신 나이에 그 정도는 돼야지." 하며 다시 한 번 강조한다. "당신이 살 뺄 데가 어딨어?"

처음엔 나를 놀린다고 생각했는데 가만히 생각해보니 그게 아니었다. 만일 남편이 빈정거리며 "알긴 잘 아네. 제발 좀 그만 먹어라."라고 대꾸를 했다면 어쩌했을까. 내가 그 말 듣고 반성하고 다이어트에 돌입했을까? 아니다. 그 말에 고까워서 더 많이 먹었을 것이다.

가족이든 직장동료이든 이렇게 가까운 사이라면 듣기 좋은 말을 하기를 권한다. 고급 옷가게에 가면 요상한 거울이 있다. 그 집에서 판매하는 옷을 입고 그 앞에 서면 누구나 날씬하게 보이는 그런 거울이 늘 비치되어 있다. 사실 처음엔 그런 거울이 마음에 안 들었으나 사실이 아니면 어떠냐. 잠시 기분 좋게 그 거울 앞에 서보는 것이 나쁠 것 하나 없다. 이처럼 가까운 사이에는 서로에게 이런 거울의 존재가 되어주는 것이 좋다. 듣기 좋은 말은 반드시 사실만을 거론하는 것은 아니다. 논리적이지도 객관적이지도 않다. 그러나 인생을 살면서 늘 논리와 객관으로 설명하고 행동해야 하는 것은 아니지 않은가. 단지 그런 말을 듣고 싶다는 바람일 뿐이고 그 바람은 소박하기 이를 데 없다.

딸아이와 함께 서점에서 책을 살 때였다. 계산을 돕던 직원이 조지 오웰의 『1984』를 스캔하다가 "이 책 정말 좋은 책이에요. 그렇죠?"라고 말을 건넸다. 또 말콤 글래드웰의 『블링크』 등 나머지 책들도 일일이 제목을 읽으면서 "어쩜 이렇게 좋은 책만 고르셨어요?"라고 한마디 더 보탰다. 직원의 몇 마디 말에 딸아이는 어깨를 으쓱하며 즐거운 표정을 지었다. 그 직원은 돈만 계산해주는 것이 아니라 듣기 좋은 말을 보너스로 얹어준 셈이었다. 이제 내가 종종 들러야 할 서점은 정해졌다.

상대에게 따뜻한 말을 건네는 것은 아부가 아니라 격려, 위로, 또 공감의 의사표현이다. 그럼 어떻게 해야 따뜻하고 듣기 좋은 말을 과하지 않게 건넬 수 있을까? 그 방법은 그리 어렵지 않다. 내 마음이 듣고 싶은 말을 잘 생각해보고 그 말을 상대에게 해주면 된다. 내가 듣고 싶은 말이니 진정성이 담겨 있다. 또 상대를 좋게 보려는 나의 마음에서 우러나온 한마디라서 따뜻함이 전해질 수 있는 말이다.

때로 너무 정직한 말은 상대방에게 상처를 줄 수 있다. 굳이 상처를 주지 않아도 되는 상황에서 생채기를 낼 필요는 없다. 아무리 객관적인 사실이라 해도 직설적으로 말하는 것은 솔직함의 매력보다 무례함으로 비칠 가능성이 더 크다. 그렇다고 해서 달콤한 거짓말을 구사하라는 것이 아니다. 상대방을 존중하고 좋게 보려는 마음이 묻어나는 따뜻하고 듣기 좋은 말을 하자는 것이다.

상처 주는 말을 하지 말자

　세상이 갈수록 각박해지고 있다. 요즘 사람들은 누군가를 주제로 삼아 대화를 할 때 그 사람을 존중하고 장점을 인정하는 것보다 "저 사람 왜 그래?"라는 식의 이야기가 훨씬 더 많다. TV 프로그램을 보아도 아무리 재미를 추구한다고는 하지만 상대방을 지나치게 깎아내리는 것을 자주 보게 된다.

　연예인의 사생활과 정치인의 부패 추문까지 고개를 절레절레 흔들게 하는 일을 보고 비난의 손가락질을 한다. 그런데 이 손가락질은 자신의 주변을 향해서도 멈추지 않는다. 직장 동료, 친구, 심지어 가족까지 비난의 대상이 된다. 그러니 웃지 못 할 일도 생긴다. 세 사람이 모여 누군가를 비난하다가 화장실에 갈 일이 생겨도 쉽게 자리를 뜨지 못한다고 한다. 내가 자리를 비운 사이에 남은 두 사람이 내 흉을 얼마나 볼까 두려워서라고 한다.

　상대를 비판하는 사람들은 자신이 우월하다고 착각한다. 그러나 톨스토이는 이렇게 말했다. "겸손이 결핍된 사람은 언제나 남을 비판한다." 겸손할 줄 모르는 사람이 비판의 말을 쏟아낸다. 그나마 옳고 그름을 가리려는 비판은 낫다. 뭔가 트집을 잡아 문제로 삼으려고 비난을 하는 것은 그다지 도움이 되지 않는다. 더군다나 아무런 근거도 없이 비방하는 것은 소통을 가로막고 관계를 최악으로 만드는 것밖에 되지 않는다.

비난은 양날의 검이다

옳고 그름을 따지기보다 무조건 비난과 비방을 일삼는 것은 생각하지 않기 때문이다. 겉모습만 보고 사람을 판단하는 것만큼이나 비난부터 퍼붓는 것은 자신의 얕은 생각의 깊이를 드러내는 것이나 다를 게 없다. 자신이 직접 목격하거나 경험하지도 않았으면서 소문이나 선입견으로 쉽게 단정 짓는 것도 하지 말아야 한다. 과거에 '카더라 통신'이라는 말이 있었다. 근거 없는 소문을 듣고 마치 사실인 것처럼 루머로 퍼뜨리는 것이다.

중국의 한나라 때 직불의라는 신하가 있었다. 그는 성품이 곧고 너그러워 주위의 신망을 얻고 있었다. 그러나 그의 명성이 갈수록 높아지자 그를 시기하는 사람도 차츰 많아졌다. 어느 날 직불의를 시기하던 사람이 그를 비난하는 모함을 퍼뜨렸다. 성품도 좋고 일을 처리하는 것도 뛰어나지만 한 가지 흠이 있다고 말이다. 그 흠이라는 게 파렴치하게도 형수와 정을 통했다는 것이다. 이런 비난은 직불의의 귀에까지 들어갔고 직불의는 그 소문을 퍼뜨렸던 사람을 찾아서 만났다.

"나는 형이 없습니다. 그런데 어찌 있지도 않은 형수와 정을 통할 수도 있는지요?"

비난은 양날의 검과 같다는 말이 있다. 상대방의 살을 베는 듯한 날카로운 말이지만, 결국 그 말은 나의 살도 베어버린다. 직불의를 비난하던 사람은 오히려 망신을 당하고 말았다. 자신이 파놓은 함정에 스스로 빠진 꼴이 된 것이다. 아예 존재하지도 않은 형인데 어찌 형수가 있었겠는가. 직불의를 비난하던 사람은 터무니없는 중상모략이나 일삼는 소인배로 손가락질을 받았을 것이다.

근거 없는 비난도 문제이지만, 도움을 가장하거나 혹은 정말 도움을 주려고 해도 비난으로 들리면 오히려 역효과를 일으킨다. 대부분의 사람은 아무리 도움이 되는 말이라 해도 비난의 성격을 띤 말은 쉽게 받아들이지 못한다. 내가 안타까운 마음에 충고라고 한다는 게 상대에게 비난으로 들리게 되면 듣는 사람은 겸허하게 듣기는커녕 화를 낼 가능성이 높다. 비난의 말로 건네진 충고는 되레 화를 돋우는 꼴이 된다.

남을 비난하는 것을 즐기는 사람들은 대체로 "넌 이래서 틀렸어." 라는 말을 자주 한다. 토론하는 자리에서 서로 입장이 좁혀지지 않을 때 상대방의 말꼬리를 잡으면서 틀렸다는 표현을 한다. 그러나 틀렸다는 말은 수학문제를 잘못 풀었을 때나 쓰는 것이다. 사람들은 저마다 다양한 배경과 생각을 하고 있다. 같은 한국말을 쓰고 또 같은 지역에 살아도 서로의 생각은 다르다. 단지 다른 생각을 할 뿐인데 나와 생각이 같지 않다고 틀렸다는 표현을 하는 것은 결국 비난밖에 되지 않는다.

진정 걱정된다면 비난하지 말아야 한다. 그 사람의 생각이나 입장을 들어주는 것이 좋다. 그리고 군이 충고해야겠다면 해당 사안을 직접 언급하면서 말하는 것보다 되도록 돌려서 말하는 것으로 시작해야 한다. 곧바로 충돌을 일으킬 수 있는 문제를 거론하자는 것은 충고가 아니라 비난이 되고 만다. 또 자신이 충고하는 이유에 대해 차근차근 설명하는 것이 필요하다. 다짜고짜 잘못했으니 이렇게 고쳐라 하는 식의 말은 하지 않는 게 낫다.

비난을 받았을 때의 대응도 중요하다. 앞서 화가 났을 때는 일단 멈추라고 했다. 이때도 마찬가지이다. 비난에 발끈할 게 아니라 일단 들어보는 게 좋다. 감정적인 대응은 소통을 가로막을 뿐이다. 우선 나에 대해 비난하는 내용이 과연 어떤 것인지 구체적으로 되물어본다. 따지듯이 물어보는 것이 아니라 그 비난을 기꺼이 수용하겠다는 자세로 물어보자. 그러면 두 가지 반응이 나올 것이다. 정말 구체적인 내용을 알려주거나, 아니면 근거 없는 비난이기 때문에 입을 다물 것이다. 그것이 만일 근거 없는 비난이라면 말이다.

불평만 늘어놓는 사람은 외면당할 뿐이다

어떤 조사에 따르면, 많은 사람이 일상에서 긍정적인 화법보다 부정적인 말을 더 많이 사용한다고 한다. 아침에 출근할 때부터 투덜대는 사람도 있다. 차가 막힌다고 투덜대고 날씨가 궂은 것을 가지고 불평을 늘어놓는다. 어디 그뿐인가. 새벽부터 서둘러 나오느라 식사를 못하는 바람에 회사 앞의 샌드위치 가게에 갔는데 문이 닫혀 있다. 아직 문도 안 열었다고 투덜대며 이러니 돈을 못 버는 것이라고 불평을 쏟아낸다.

사무실에 출근해서도 불평은 그치지 않는다. 부장님의 얼굴만 보면 스트레스가 생긴다면서 절대로 부장 같은 사람이 되지 않겠다고 중얼거린다. 점심을 먹으러 밖에 나가니 치솟는 밥값에 화가 치민다. 목구

멍이 포도청이라고 먹기는 먹는데 온통 화학조미료로 범벅된 식사에 다시는 이 집에 오지 않겠다고 결심한다. 집에 돌아와서도 피곤한 일상을 되돌아보며 짜증을 내다가 겨우 잠이 든다.

종일 불평불만을 쏟아내는 일상이었지만 과연 무엇이 바뀌었을까? 아침 출근길은 이 나라 경제가 제대로 돌아가는 한 여전히 북적댈 것이다. 부장님은 쉽사리 회사를 관두지도 않을 테고 밥값이 갑자기 내릴 리는 없다. 내가 불평만 하는 동안 세상은 아랑곳하지 않고 돌아가는 대로 돌아가고 있을 뿐이다. 똑같은 상황인데도 두 가지 유형이 있다. 불평하는 사람과 오히려 감사로 받아들이는 사람이다. 불평만으로는 상황을 나아지게 할 수 없다는 것을 아는 사람은 불평보다 기회를 모색한다. 선택은 자유이다. 그러나 선택의 결과는 사뭇 다르게 나올 것이다.

불평과 불만을 이야기하는 것은 마치 악성 바이러스를 퍼뜨리는 것처럼 좋지 않은 영향을 미친다. 불평을 늘어놓기는 쉽다. 그래서 누구나 쉽게 불평을 늘어놓고 또 이런 이야기에 귀가 솔깃해진다. 그저 맞장구만 쳐주면 된다. 그리고 그 불평을 여기저기 옮기게 된다. 마치 감기 바이러스가 사람들을 감염시켜 여기저기서 콜록거리게 하듯이 말이다.

그러나 불평이 때로 필요할 때도 있다. 뭔가 문제가 생겼을 때 그 문제를 무작정 덮어놓고 있을 수 없다. 다만, 작은 불평이 부정적인 생각으로 번져 의사소통의 걸림돌이 되도록 내버려줘서는 안 된다. 불평이 있더라도 화법을 바꿔 더 이상 부정적인 생각이 번지지 않도록 할 필요가 있다.

내가 즐겨 쓰는 화법은 "그럼에도 불구하고"이다. 불평을 감사함으로 바꾸는 것이다. 나도 모르게 불평이 나왔다면 그 불평에다가 "그렇지만" 혹은 "그럼에도 불구하고"라는 반전의 말을 덧붙인다. 예를 들어 "저 동료는 왜 이렇게 나를 못살게 구는 거지?"라는 불평이 나왔을 때 "그렇지만"을 붙여서 말을 이어간다. "그렇지만 저런 사람과 한집에 사는 사람도 있는데……."라고 말이다. 물론 속으로 혼잣말로 한다.

연일 계속되는 야근 때문에 힘들고 지칠 때도 반전의 화법은 효과가 있다. 쓸데없이 사람을 고생시키는 야근은 없어져야 마땅하다. 하지만 당장 나의 바람대로 되지 않을 테니 이 또한 반전의 화법으로 긍정적으로 받아들이는 것이다. "오늘도 야근이야? 도대체 내가 기계인 줄 아는 거야, 뭐야?"라고 불평이 튀어나오는 순간 "그래도 나를 필요로 하는 직장이 있으니 얼마나 다행인가!"라고 말이다.

부정적인 말은 생각보다 힘이 세다. 어떤 사람이 늘 "난 파란 볼펜이 싫어."라고 말했다. 그러니까 문방구에 가서 볼펜을 사오는데 절대 파란 볼펜은 사오지 말고 당부했다. 그런데 친구가 실제로 사온 것은 '파란 볼펜'이었다는 얘기다. 여러 번 강조하면 문맥이 어떠하였는지는 생각하지 않고 그 단어에만 집중한다는 증거다. 예를 들어 자기가 정말 싫어하고 미워하는 사람이 있다고 치자. "그 인간, 이해할 수 없는 사람, 말도 안 되는 그 인간……." 하며 투덜거린다. 그런데 가만히 생각해보면 온종일 '그 사람'만 머릿속에 가득 넣고 있었던 격 아닌가. 이게 무슨 시간 낭비인가.

부정적인 어투와 화법은 부정의 말을 긍정의 언어로 바꾸는 것만으로도 효과가 있다. 무의식중에 부정적인 말을 했다면 재빨리 "그럼에도 불구하고"와 같은 반전의 말로 부정적인 효과를 상쇄시킬 수 있다. 이런 화법이 습관이 되면, 어느덧 부정적인 순간이나 대상도 감사한 것으로 바뀔 수 있다. 이러한 반전 화법은 부정의 바이러스가 아닌 긍정의 바이러스를 전파하는 소통의 달인이 되는 지름길로 안내할 것이다.

비교하는 말을 하지 말자

사람들이 많이 하는 말실수 중에 "아무개는……"으로 시작하는 비교의 말이다. 그 누구도 비교를 당하는 것이 좋을 리가 없다. 그렇다면 생각 없이 누군가와 비교를 시작했다면 차라리 "파리 특파원만큼이나 멋있네." 혹은 "더 멋있네."라고 비교 우위를 말한다면 어떨까? 그날은 서로에게 최고의 날이 될 것이다.

나의 이야기는 오로지 내가 할 수 있다

자녀를 키울 때 특히 나의 아이를 다른 아이와 비교하지 않는 것이 중요하다. 이성호 교수의 『부모가 하지 말아야 할 21가지 말』에도 비교하지 말라고 강조하는 대목이 나온다.

"네 친구는 벌써 중3 수학을 다 떼었다고 하더라." "그 아이는 부모가 딱히 해주는 것도 없는데 어쩜 그렇게 공부를 잘하니."

이렇게 부모들은 아무렇지 않게 비교의 말을 쏟아낸다. 부모가 하는 실수 중에 자신의 과거와 비교하는 것도 있다.

"아빠와 엄마가 어렸을 때는……"으로 시작하는 비교의 이야기는 아무런 공감을 얻지 못한다. 아빠 어릴 때는 십리 길을 걸어 다니며 공부했다는 말을 요즘 아이들이 얼마나 공감할 수 있겠는가.

내가 그다지 좋아하지 않는 요즘 표현이 '엄친아'와 '엄친딸'이다. '엄마 친구 아들'과 '엄마 친구 딸'을 뜻하는 이 말은 비교의 말하기를 가장 극명하게 드러내는 표현이다. 모든 조건을 갖추고 공부도 잘하고 체격 조건도 좋고 부모님 말씀도 잘 듣는 아이의 대명사이다. 묵직하고 수더분한 김장독을 두고 작고 오밀조밀한 찻잔과 비교하는 것은 아무런 의미가 없다. 목적에 따라 쓰임이 다른 것을 두고 비교하는 것은 어리석은 일이다.

사람은 저마다 개성이 다르고 능력도 제각각이다. 부모의 욕심이 깃든 비교의 말이 아이에게 또 다른 상처를 준다. 원숭이와 물고기에게 나무타기를 시켜보자. 당연히 원숭이가 이길 수밖에 없다. 다른 곳에서는 원숭이와 물고기에게 물에서 헤엄치기를 가르친다. 당연히 물고기는 우수한 학생이 되고 원숭이는 재능도 없고 겁많은 말썽꾸러기가 된다.

스스로 자신을 타인과 비교하는 것도 경계해야 한다. 내가 고등학교에 다닐 때였다. 대학입시를 눈앞에 두고 극심한 스트레스에 시달렸다. 그때만 해도 딱히 어떤 미래를 살겠다고 정해 놓은 것도 없었고 그저 성적에 맞춰 대학과 전공을 골라야 하는 게 답답할 따름이었다. 수험생들이 그렇듯이 "내 인생에 올 한 해는 없다!"는 격문을 써 붙이고 공부에 몰두할 뿐이었다. 그러던 중에 정명훈 씨가 차이콥스키 피아노 콩쿠르에서 2등을 차지했다는 소식을 들었다. 국내의 주요 신문들은 정명훈 씨의 성공 스토리를 매일 특집으로 다뤘다. 그리고 그가 귀국할 때는 서울 시내에서 카퍼레이드를 할 정도로 온 국민이 대환

영했다.

　나도 그가 대단하다고 생각하면서 스스로를 생각해보니 한숨이 나왔다. 어떤 사람은 어려서부터 치열하게 살면서 벌써 세계적인 인물이 됐는데 나는 방에 틀어박혀 뭘 하고 있는지 너무나 한심하고 초라했다. 씁쓸한 마음을 애써 수습하고 영어공부나 하자는 생각에 책을 펼쳤다. 그때 어떤 글이 내 눈에 확 들어왔다. 그 내용은 한 그루의 큰 나무 주위에는 수십만 개의 작은 풀이 존재한다는 것으로 시작한다. 아름드리 큰 나무로 사는 것도 좋다. 하지만 모두가 나무가 될 수 없고 그럴 이유도 없다면서 나무가 아니라는 이유로 너무 슬퍼하지 말라는 내용이었다.

　나는 깨달음의 순간이 이런 것인가 할 정도로 정신이 번쩍 들었다. 숲은 아름드리 큰 나무 한 그루만으로는 만들어질 수 없다. 작은 풀 한 포기 한 포기와 어린나무 등이 모여 숲을 이룬다. 나는 늘 큰 나무가 되고 싶어 했다. 작은 풀 한 포기로 살아가는 것이 그리도 슬픈 일이 아닐 텐데 왜 큰 나무만 되려고 했는지 그제야 내가 쓸데없이 남과의 비교로 자괴감을 가졌던 게 부끄러웠다. 그때 내가 얻은 위로는 실로 컸다. 아름드리 큰 나무가 되지 못하더라도 괜찮다는 생각을 하게 된 것이다. 작은 풀 한 포기라도 가치 있는 삶을 살 수 있다는 위안을 얻게 됐고, 그 위안은 스스로 용기를 불어넣고 격려의 의미로도 작용했다.

　상대를 세상에 하나밖에 없는 존재로 인정하자

　다른 사람과 비교하는 것은 어쩌면 자연스러운 것일 수 있다. 좋지 않다는 것을 알면서도 눈에 보이고 귀에 들리면 어쩔 수 없이 비교의 잣대를 들이대며 스스로의 처지를 돌아보게 된다. 심지어 위대한 작가들도 이미 앞서 간 대가를 보고 자괴감을 느끼곤 한다.

마거릿 미첼은 남북전쟁을 배경으로 한『바람과 함께 사라지다』를 절반쯤 썼을 무렵에 우연히 스테판 빈센트 베네트의『존 브라운의 서신』이라는 작품을 읽었다고 한다. 이 작품도 남북전쟁을 배경으로 한 것이다. 미첼은 자신의 작품이 너무나 초라하게 여겨졌다. 너무 깊은 자괴감을 느낀 나머지 집필 중이던 원고를 6개월 동안 옷장에 처박아 두었다고 한다.

미첼의 자괴감처럼 우리도 나보다 앞선 사람을 보고 비교를 종종 한다. 그리고 상대적인 부족함에 고개를 숙이고 만다. 그러나 훗날 미첼의『바람과 함께 사라지다』는 결국 세상에 나오게 됐고 영화로도 만들어져 지금까지도 사람들로부터 사랑을 받고 있다. 자괴감을 느끼고 고개를 숙일지언정 포기하지 않았다.

일본의 소통 전문가인 후쿠다 다케시는『통하는 커뮤니케이션』에서 "여러분의 이야기는 여러분만 할 수 있다. 타인과 비교하지 마라"고 했다. 나는 이 말에 한마디 덧붙이고 싶다. 나도 모르게 비교를 하더라도 나의 이야기는 결국 내가 하는 것이니 포기하지 말라고 말이다.

요즘은 성공한 사람들의 강연과 책이 넘쳐나는 세상이다. 그 사람들의 성공 이야기가 힘이 되고 격려의 역할을 해준다면 얼마든지 강연을 듣고 책을 읽어도 좋다. 그러나 비교의 대상이 되면서 나 자신을 자꾸만 주눅이 들게 한다면 과감하게 책을 덮었으면 한다. 모두가 성공한 사람이 되고 리더의 명성을 얻는다면, 과연 팔로워들의 마음을 이해할 수 있을까. 또 그들의 소중함을 어디서 배울 것인가.

넘버원을 추구하는 세상은 오로지 경쟁뿐이다. 지나친 경쟁은 비교를 통해 차별화하고 상대를 이기려 한다. 나는 넘버원보다 온리원Only One이 되기를 바란다. 남과 비교할 수 없는 귀중한 존재로서 자신을 생각하고 상대를 대할 수 있는 소통이 이뤄져야 좀 더 따뜻하고 살 만한 세상이 되지 않을까. 상대방을 이 세상에 하나밖에 없는 존재로 인정해주자. 그럼 상대방도 나의 말에 귀를 기울이게 된다.

비난하는 말을 하지 말자

"이거 너한테만 하는 이야기인데……."

이렇게 시작하는 말은 호기심과 흥미를 불러일으킨다. 그런데 이런 이야기는 대체로 누군가를 험담하는 내용인 경우가 대부분이다. 좋은 이야기라면 굳이 은밀하게 말할 필요가 없다. 너만 알고 있으라고 하면서 귓가에 속삭이는 말은 어쩌면 그리도 귀에 쏙쏙 들어오는지 모른다. 말하는 사람이나 듣는 사람이나 모두 뭐가 그리 즐거운지 재미있는 표정을 짓는다. 이런 이야기는 쉽게 잊히지도 않는다.

처음부터 나쁜 뜻을 가지고 시작한 말이 아닐 수 있다. 일상에서 벌어지는 사소한 일을 가지고 한 말이다. 그렇게 내가 시작한 말은 겨우 눈꽃송이만 한 것일지도 모른다. 그러나 말이 많아지는 바람에 어느덧 눈꽃송이는 눈덩이로 불어난다. 그리고 마구 굴러가며 주변을 엉망진창으로 만들고 만다. 사실이 아닌 이야기가 그럴듯한 이야기로 바뀌어 사실로 둔갑하고 이야기는 점점 부풀려지고 전파 속도도 빨라진다. 일단 이상하게 퍼진 말은 씻을 길이 없이 깊은 흔적을 남기고 만다. 누가 이것을 씻어줄 것인가? 상처가 아문다 한들 흉터가 남고 원상을 회복하긴 힘들게 되는 것이다.

내겐 재미있는 말, 남에겐 아픈 말

오래전 「가족오락관」이라는 프로그램에서 했던 말 이어가기 게임이 있다. 너덧 명이 모두 귀를 막고 한 줄로 서 있다. 앞사람이 무슨 말을 하는지를 귀를 막고 듣지 못하게 하는 것이다. 그런데 처음 시작한 내용을 끝까지 정확하게 맞추는 경우는 드물다. 어떨 때는 전혀 다른 뜻으로 전달되어 엉뚱한 문장이 나오기도 한다.

말이란 이처럼 잠깐 사이에도 사람의 입을 통해 전해지며 엉뚱한 결과를 가져올 수 있다. 하물며 익명으로 남기는 말, 즉 인터넷 댓글은 어떻겠는가. 인터넷 댓글이 사람 한 명을 죽이고 살린다. 오죽하면 "좋은 댓글을 답시다!"라는 '선플' 달기 캠페인까지 벌어졌을까. 아무리 마음에 들지 않아도 선한 리플을 달자는 것이다. 여러 명의 연예인이 악플에 시달리다가 죽음을 선택하거나 혹은 죽음을 생각한 적도 있다고 한다. 남들이 한꺼번에 나를 욕하면 죽고 싶을 정도로 괴롭다. 말을 빗대는 표현 중에 날카로운 비수라는 표현을 쓴다. 비수가 되어 팍팍 꽂히는 말에 정신을 차릴 수 없고 피를 흘리고 때로 삶의 희망마저 잃고 마는 것이다.

누군가의 삶의 의지마저 꺾어버리는 말은 하지도 말아야 하지만, 누가 그런 말을 하는 것을 들었을 때도 잘 생각해 보아야 한다. 내가 잘 아는 A라는 사람에 대한 뒷담화를 들었다고 가정해보자. 가장 먼저 그 말이 사실인지 확인하는 것이 필요하다. 사실인지 아닌지도 모르고 말의 격랑에 휩쓸려 실수를 저지를 때가 잦다. 그래서 우선 사실 여부부터 확인할 필요가 있다. 사실 여부가 확인되기 전까지는 되도록 아무런 의사표현을 하지 않는 게 좋다. 그런 다음에 여러 사람이 알면 안 되는 내용인지도 확인해야 한다. 그것이 사실이라도 은밀한 비밀이라면 은밀함을 지켜줘야 한다. 누군가에는 치명적인 것이 될 수 있는 말을 함부로 퍼뜨리는 것은 처음 말을 전한 사람만큼이나 무책임한 것이다.

마지막으로 내가 들은 이 말을 할 필요가 있는지 스스로에게 물어봐야 한다. 내가 이 말을 하는 것이 맞는지 따지고 또 따져봐야 한다. 때로 내가 말을 하지 않는다고 해서 잃을 게 있는지도 냉정하게 생각할 여유를 가져야 한다. 대부분의 사람들은 이미 한 말 때문에 후회를 한다. 이미 엎질러진 물을 보고 손으로 담으려 애를 쓴다. 그러나 말하지 않은 것 때문에 후회하는 경우는 드물다. 표현의 자유가 보장된 사회에서 살고 있다고 해도, 그 자유가 사람들의 관계를 망치고 절망으로 몰고 갈 권리를 가진 것은 아니다. 표현의 자유는 민주주의 사회의 수준을 알 수 있는 척도이다. 그러나 이 자유가 절대적인 것은 아니다. 한국외대 법학전문대학원의 문재완 교수는 『언론법』이라는 책에서 인터넷에서의 익명 표현과 관련하여 다음과 같이 말하고 있다.

"익명 표현의 자유 또는 익명 표현의 권리가 인정된다고 하더라도, 이러한 자유와 권리는 절대적인 것이 아니다. 국가는 국가안전보장, 질서유지, 공공복리를 위하여 상황에 맞는 적합한 수단을 선택하여 익명 표현의 자유와 권리에 제한을 가할 수 있다."

국가 혹은 제3자가 소통의 자유와 관련하여 개입하는 것은 바람직하지 않다고 생각한다. 가능하면 그런 일이 일어나지 않는 것이 좋다. 그렇기 때문에 표현의 자유를 존중하되, 사회공동체를 위협하고 개인 간의 관계를 망가뜨리는 것은 스스로 자제하고 조정하는 책임을 각각

져야 하는 것이다.

욕설의 접시에 손을 대지 마라

소셜 미디어의 시대이다. 개인 블로그, 페이스북, 트위터, 인스타그램 등에서 자신의 일상과 생각을 실시간으로 표현할 수 있다. 내가 하고 싶은 말은 주저하지 않고 할 수 있는 세상이 된 것이다. 그런데 하고 싶은 말만 하는 것이 아니다. 듣기 싫어도 나에 관한 좋지 않은 이야기도 듣고 봐야 하는 세상이기도 하다.

자신은 그저 일상적인 이야기를 했을 뿐인데 누군가 욕설에 가까운 말을 남겼다면 기분이 나쁠 수밖에 없다. 이렇듯 요즘은 적나라하게 자신을 드러내고 또 칭찬과 비난을 가리지 않고 들어야 한다. 그렇기 때문에 나에 대한 반응에 일일이 감정을 드러내면 아마도 정신이 혼미하여 병원 신세를 져야 할지도 모른다.

나에 대한 좋지 않은 반응, 심지어 모욕적인 댓글을 봐도 충격을 받지 않는 마음가짐이 필요하다. 물론 쉽지 않다. 더군다나 사람들의 평가나 인기를 목숨처럼 여기는 사람들은 아예 무시할 수도 없다. 그러나 나에 대한 타인의 평가나 비방 등은 마음을 상할 정도로 관심을 둘 일이 아니다.

소통은 나의 메시지를 글과 말로 전달하는 것뿐만 아니라 내가 눈과 귀로 보고 듣는 것이기도 하다. 하지만 굳이 몸을 담그지 않아도 되는 구정물에 스스로 들어갈 이유가 없다. 소통이라고 해서 늘 귀와 눈을 열어두는 게 아니라 때로 눈과 귀를 닫고 지나쳐야 할 때도 있다. 그럼에도 나를 악의적인 의도로 비난하는 것을 대하게 되면 이렇게 하는 것이 어떨까? 스스로 바위라 생각하고 버티는 것이다. 바위에 대고 아무리 흙을 봐도 그 바위가 꿈쩍이라도 하겠는가. 주인이 음식을 내놓았는데 그 음식이 형편없는 바람에 손님은 거의 대부분을 남기고 나가버렸다. 그렇다면 그 음식은 누가 처리해야 하는가? 당연히 주인의 몫이다. 욕설의 접시를 만들어서 여기저기 내놓는다고 해도 손을 대지 않으면 그만이다.

영국의 처칠 수상은 제2차 세계대전을 승리로 이끈 위대한 리더이자 노벨문학상까지 받은 인물이다. 그러나 그는 사관학교도 2번이나 떨어지고 정치인으로 수상이 되기 전까지는 온갖 비난을 들었을 정도로 문제가 많은 인물이었다. 그가 정치를 하면서 들어야 했던 비난에 일일이 대응하고 발끈했더라면 아마 정치를 관뒀어야 했을 것이다. 하지만 그는 비난에 굴하지 않고 자신이 생각하는 바를 꿋꿋이 실행했고 정적뿐만 아니라 국민을 향해 승리의 메시지를 한결같이 전달했다.

존 스튜어트의 『소통』을 보면 "요컨대 의사소통은 협동적인 활동이기에 누구에게도 협력적으로 구성된 의미에 대하여 개인적인 책임을 지울 수 없다는 것이다. 만약 여러분이 상호작용을 잘못과 비난이 누구에게 있는지 정답을 찾아내야 하는 방정식과 같은 것으로 보지 않는다면, 여러분은 다른 사람과의 의사소통에서 덜 논쟁적이며 좀 더 생산적일 수 있을 것이다."라는 내용이 있다. 비난을 둘러싼 책임을 묻고 비난의 소용돌이에 휘말리는 것은 소모적이라는 것이다.

일상에서 남을 비방하거나 자신이 비난받는 일은 빈번하게 발생한다. 서로의 관계를 악화시키는 부정적인 말의 홍수에 떠밀려 함께 불행해지는 일상을 지내고 있는 셈이다. 악습관은 단호하게 끊어내야 한다. 비난하지 말고 비난을 듣더라도 쉽게 흔들리지 말아야 한다.

말로 선을 이루자

　내게는 인생의 후반전을 계획하면서 만든 '인생 사명 선언서'가 있다. 스피치 커뮤니케이션을 연구하여 방송, 강연, 집필 등을 통해 많은 사람에게 변화된 삶을 살 수 있도록 돕자는 것이다. 나는 아나운서 출신이고 또 대학에서 강의하고 있으니 말하기와 관련한 기술이나 전문 지식은 갖추고 있는 셈이다. 그러나 내가 사람들에게 전달하고 싶은 것은 화려한 스피치 기술보다는 왜 스피치의 '내용'과 '목적'에 더욱 충실해야 하는가 하는 것이다.

　말하는 것, 특히 뉴스와 강연을 직업으로 삼았던 나는 늘 멀미에 시달렸다. 방송 시작을 알리는 온 에어 등이 켜지기 직전까지 가슴이 두근거리는 것을 참지 못했다. 내가 하는 일이 얼마나 중요한 일인지 생각하면 그 경외감으로 진지해지지 않을 수 없었다. 그리고 얼마나 많은 사람이 전국에서 동시에 뉴스를 보고 있는지 생각하면 얼굴이 달아오를 만큼 긴장하지 않을 수 없었다. 직접 얼굴과 얼굴을 마주하고 나의 일거수일투족을 지켜보며 말 한 마디 한 마디에 귀를 기울이는 청중들과 마주하는 강연장에서는 더욱 그랬다.

　그뿐만 아니라 말을 마치고 난 뒤에 사람들의 반응은 어떠했는지 궁금하지 않을 수 없었다. 그런 고민을 무수히 반복하곤 했다. 칭찬을 들을 수 있으면 좋겠지만, 빈축을 사는 일이 생기지는 않을까 하는 조바심을 떨칠 수가 없었다. 그러니 늘 두려움과 떨림으로 초조할 수밖에. 물론 나의 일에 대한 그러한 경외감 덕분에 나는 늘 충실히 완벽에 가깝게 준비했고, 그 덕분에 뉴스든 강연이든 실전을 잘 치러냈다. 그러나 그러한 긴장의 반복이 그리 바람직하지 않다는 것을 늘 느끼며 살아왔다.

그런데 어느 순간부터 나의 말하기는 '나의 사명'이고 '특별한 목적'이 있어 행하는 일이라는 중요한 사실을 깨닫게 되었다. 다시 말해 나의 말하기를 통해 그 메시지가 누군가에게 전해져야만 하고 그것을 통해 듣는 이가 변화되어야 한다. 그것이 내가 방송이든 강연을 통해 말하는 목적과 사명이라는 것을 깨닫게 된 것이다. 그것을 깨달은 이후, 신기하게도 긴장이나 염려가 사라졌다. 단지 심부름을 맡은 충직한 하인처럼 나는 내게 맡겨진 일을 충실히 할 뿐이고 그다음 일은 그 목적과 사명을 부여한 주인이 알아서 다 처리해 주실 것이라는 안도감이 나를 평안하게 했던 것이다.

말로 할 수 있는 것들은 많다

내가 방송하면서 고민해야 하는 것은 정직한 뉴스를 정확하게 전달하는 것이다. 그런데 나도 모르게 그러한 본질보다 나의 이미지나 성과와 명예 등에 집착했다. 그러다 보니 불안함을 떨칠 수가 없었고 초조함에 시달렸던 것이다. 내가 방송에서 알리는 뉴스는 나를 위한 것이 아니라 대중을 위한 소식이자 정보이다. 이런 사명감을 생각하지 못한 채 화면에 나오는 내 모습에 연연했던 순간은 말하기의 목적을 잃은 것과 다를 게 없다.

요즘은 학교 강의 말고도 여러 곳에서 특강을 한다. 그때마다 나는 사람들의 반응이나 실수에 대해 연연하지 않는다. 내가 전달하려는 메시지를 정확하게 전달했으면 그것으로 나의 역할과 사명은 다한 것이기 때문이다. 나 자신을 드러내려는 말하기는 장황한 말 잔치가 될 가능성이 높다. 풍성한 말들의 향연에서 정작 중요한 메시지는 파묻혀 버린다면 그것은 굉장한 낭비이다.

특별 새벽기도를 주관하던 목사님이 어느 날 아침에 기억에 남을 말씀을 하신 적이 있다. 그분은 매번 새벽기도를 할 때마다 성도님들에게 아주 중요한 많은 것을 알려주려고 무진 애를 쓰셨다고 한다. 그러다 보니 긴장되고 수많은 자료를 보느라 좋은 설교내용이 나오기까지 산고가 이만저만이 아니었다. 그런데 그날 아침에는 많은 것을 전하려고 애쓰는 것보다 단 한 가지라도 마음에 남는 것을 전하면 그것으로 충분한 것이 아니겠느냐 하는 마음속의 소리를 듣게 되었다고 차분하게 말씀하셨다.

말하기의 목적은 가장 중요한 메시지를 정확하게 전달하면서 공감을 얻는 것이다. 숱한 말을 쏟아내려고 욕심을 낼 필요가 없다. 사람들은 나에게 말하기의 비결이 뭔지 가르쳐 달라고 한다. 그 비결은 다름 아니라 무엇을 말하려는지 스스로 명확하게 알고, 또 말하는 동안 잊지 말라는 것이다.

여기서 한 가지! 말하기의 목적을 분명히 하고 집중해야 한다고 해서 무미건조하고 딱딱하게 목적에만 충실한 말을 하라는 것은 아니다. 적절한 농담과 비유 등을 섞어서 목적이 제대로 전달될 수 있도록 하는 것도 중요하다. 칩 히스와 댄 히스가 쓴 『스틱!』을 보면 목적을 정확하게 전달하는 스피치의 사례 중에서 사우스웨스트항공의 승무원 사례가 나온다. 이 승무원은 비상탈출에 대해 승객들에게 설명하는데 딱딱하게 설명하지 않고 유머를 섞어 귀에 쏙쏙 들어오도록 말을 한다.

"애인과 헤어지는 방법에는 수십 가지가 있지만, 이 비행기에서 나가는 방법은 단 여섯 가지뿐입니다. 앞쪽에 있는 두 개의 출입구와 양쪽 날개에 달린 두 개의 비상 창문 그리고 기체 뒤쪽에 있는 두 개의 출입구입니다. 각 비상 탈출구의 정확한 위치는 승객 여러분의 머리 위에 표시되어 있으며 복도 양쪽에 설치된 하얗고 붉은 디스코 조명을 따라가면 금세 발견하실 수 있습니다. 앗, 방금 올려다보신 거 맞죠?"

말하기의 목적에 충실하면서도 전달의 효과를 키운 말하기의 사례이다. 승객들은 세련된 승무원의 이미지보다 그녀의 말 한 마디 한 마디에 따라 행동한다. 그녀가 말하는 비상탈출 방법 내용에 따라 승객들이 고개를 들어 올려보며 방법을 숙지한 것이다. 이 승무원은 천편일률적인 안내방송을 하지 않았다. 비행기를 자주 타본 사람들은 안내방송을 할 때 방송 내용은 별로 기억에 남지 않고 승무원의 이미지만 기억한다. 그러나 이 승무원은 적절한 유머와 전혀 다른 방식의 말하기로 안내방송의 목적을 달성했다.

유머나 세련된 화술 등은 하나의 기술이다. 이런 기술이 제대로 효과를 보려면 목적을 잊어서는 안 된다. 최첨단의 엔진과 튼튼한 바퀴

등을 장착한 최고급 자동차라고 해도 사막 한가운데서 목적지를 잃어 버리면 비싼 고철 덩어리에 불과해진다. 말하기도 마찬가지다. 목적을 잃어버린 말하기는 쓸데없는 말 잔치가 되고 말 것이다.

세상은 말하는 대로 이루어진다

스피치의 목적에 충실하려면 말하는 데 두려움을 가져서는 안 된다. 그래서 나는 강의를 마칠 즈음에 마무리로 '나의 비전'을 큰 소리로 함께 읽는다. 그리고 마지막에 모두가 함께 외친다.

"나는 더 이상 말하는 것이 두렵지 않다!"

내가 말하는 '나의 비전'은 나의 달라진 모습을 그려보고, 입을 열어 덕을 세우는 말을 하고, 자녀에게 축복의 말을 하고, 배우자의 기를 살리는 말을 하고 또 진실되고 참된 말을 하자는 것이다. 이런 비전을 밝힌 뒤에 말하는 것을 두려워하지 말자고 구호를 외치듯 한다.

'나의 비전'은 삶과 인간관계에 관한 나의 바람이자 약속이라 할 수 있다. 스스로 세운 비전을 지키기 위해 공개적으로 외치게 한다. 특히 말하기와 관련하여 내 가치관이나 신념을 올곧게 세울 수 있는 말을 하고 가족들을 위한 말을 하는 등 말하기의 목적을 분명히 내세운다. 이때의 말하기는 언변이 뛰어난 말하기를 뜻하지 않는다. "말만 잘한다!"는 핀잔을 듣게 되는 경우가 있다. 아무런 목적도 없이 주절주절 말을 하는 것은 불필요한 수다에 불과하기 때문이다.

내가 어떤 말을 할지를 분명하게 밝히는 것은 목적에 맞는 말을 하겠다는 것이다. 상황과 목적에 맞는 말을 하기가 쉽지는 않다. 또 '나의 비전'처럼 내가 뭔가 지켜야 하는 약속이 담긴 말은 곧바로 실천으로 이어져야 하기 때문에 어렵다는 생각이 들 때도 있다. 그러나 굳이 비전을 만들고 구호처럼 외치면서 목적을 가지고 말하는 것은 '말하는 대로 이루어지기' 때문이다.

나처럼 개인이 비전을 만들어 외치는 것과 같이 기업도 비전을 만들어 직원들에게 소리 내 외치게 한다. '핵심가치'라고 하여 그 기업의 어떤 직무를 행할 때도 늘 준거가 되는 가치를 정해놓는 것을 말한다. 평소에는 다분히 형식적인 행위로 보이지만, 실제로 이런 행위가 효과를 보는 경우가 있다.

한 중소기업의 예가 바로 그렇다. 이 기업은 장마철에 원료탱크에 아주 작은 구멍이 나는 바람에 독성물질이 유출된 적이 있었다. 재빨리 문제를 발견하여 구멍을 막았지만 환경을 오염시킬 수 있었다. 그래서 직원들은 사장에게 보고했다. 그런데 보고를 하면서 장마철이라 깨끗이 씻겨 나갈 테니 굳이 당국에 보고하지 않아도 되지 않겠느냐며 어떻게 조치할지를 물었다.

사장은 보고하는 직원에게 회사의 핵심가치가 무엇이냐고 물었다. 직원은 신뢰를 지키는 것이라고 답했다. 사장은 회사의 핵심가치에 따라 처리하라고 했다. 직원은 사장의 말에 따라 당국에 신고했다. 당국은 강한 질책이나 처벌보다 재빨리 조처하고 신고를 한 것에 대해 감사하며 경미한 벌금 처분만 내렸다고 한다. 그리고 이 회사를 환경과 관련하여 우수사례로 여러 번 소개하며 이 사례를 들었다고 한다. 이후 그 기업의 브랜드 가치가 매우 높아졌다는 것은 두말할 필요도 없다.

이 회사가 비전이나 핵심가치를 전시용으로 만들어놓기만 했다면 어떻게 됐을까? 한순간에 부도덕한 기업으로 언론에 보도됐을지도 모른다. 그러나 핵심가치에 따라 행동했기 때문에 악조건이 오히려 좋은 기회로 작용하였다.

개인도 '나의 비전' '인생 사명 선언서' 등 평소 자신이 추구하는 가치에 따른 메시지를 준비해 놓아보자. 그리고 소리 내어 말하기를 통해 그 메시지를 스스로에게 각인시켜 보는 것이다. 약속을 실천에 옮기는 훌륭한 장치가 될 것이다.

그렇게 말하면 원하는 것을 얻을 수 있다

차차차 2 기회 Chance

값진 말을 하자

"절박하게 갈구하라 Stay Hungry!"

이 말이 사람들의 뇌리에 오랫동안 남는 것은 세계적인 유명인사 스티브 잡스가 그렇게 말했기 때문이다. 그 자리에 오기까지 그가 겪었던 치열한 인생 경험을 이미 익히 알고 있기 때문이다. 때론 무지할 정도로 우직스럽게 때론 상상할 수 없을 정도로 열정적으로 그 길을 걸어왔기 때문에 그의 인생 스토리는 특별한 존재감을 만들어냈을 것이다. 존재감을 담은 이야기란 자신의 인생 이야기가 담겨 있을 때 가능하다. '절박하게 갈구하라'는 메시지가 울림이 있으려면 무엇보다 그 절박했던 스토리를 상대가 알아야 한다.

그러나 자신의 스토리를 사람들 앞에서 이야기한다는 것은 어쩌면 불편한 일이 될 수도 있다. 누구든 자신의 어려웠던 시절을 남에게 열어 보여준다는 건 쉽게 할 수 있는 일이 아니기 때문이다. 때로 말하기에 앞서 조용히 자신의 이야기를 되짚어보는 시간이 오히려 겨우 가라앉힌 생채기를 다시 건드리는 일이 되기도 한다. 아무리 좋은 메시지라고 해도 내가 겪은 고난이나 어려웠던 일, 굳이 말하고 싶지 않았던 가슴 아픈 일을 말한다는 게 썩 내키지는 않을 터이니 말이다.

나 또한 방송이나 강연에 나가기로 약속을 해놓고 괜히 수락한 것이 아닌지 후회할 때가 종종 있다. 사람들 앞에서 나서서 늘 즐거운 이야기, 성공한 이야기만 자랑처럼 늘어놓을 수는 없기 때문이다. 그동안 나에게 찾아온 고난과 어려움 또한 솔직하게 털어놓아야 공감을 얻으면서 지금 어려움을 겪는 분들과 함께 희망의 웃음을 지을 수 있기 때문이다. 마음이 아프고 힘든 사람 앞에서 고난을 겪어보지 않은 사람의 말은 공허하기까지 하다. 더 나아가 고난과 시련으로 좌절에 빠진 사람과 공감한다는 것은 상상할 수 없는 어려운 일이 될 것이다.

　내가 그러한 마음의 불편함을 감수하면서까지 많은 사람 앞에서 방송과 강연을 하며 나의 이야기를 털어놓는 이유는 단 하나다. 내 이야기를 통해 뭔가 위로받고 용기를 얻는 사람이 있을 것이라는 기대 때문이다. 스피치는 목적이 있는 행위이다. 그 목적은 소통하는 그 순간이 지난 후 말하는 사람이나 듣는 사람이 더 나은 내일의 희망을 품게 된다는 것이다. 이것이야말로 말하기의 주요 내용이 어려움을 겪고 일어선 경험을 나누는 것이 되어야 하는 이유이다.

나의 말이 단 한 사람만이라도 위로할 수 있다면

　고난을 이겨낸 사람은 단지 고난에서 벗어나는 것뿐 아니라 현명한 지혜도 함께 얻게 된다. 많은 사람이 유명한 사람들의 스토리를 들으려 하는 것도 이러한 지혜를 구하고 싶기 때문이다. 물론 자신의 경험을 통해 배우는 것도 좋겠지만 남의 경험을 통해서 지혜를 얻는다면 그 또한 현명한 일일 것이다.

　아무리 평탄한 삶을 산 것처럼 보이는 사람들도 저마다 시련과 극복의 이야기가 있다. 그래서 아침방송에서 눈물을 짜내는 이웃들의 이야기를 들으면서 공감을 하기도 한다. 현란한 전문용어와 논리적인 말솜씨는 없어도 진정성을 담은 그들의 말이 사람들의 마음을 움직이게 하는 것이다.

오프라 윈프리가 대중들의 사랑을 받은 것도 공감의 소통 덕분이었다. 그녀의 토크쇼에 출연한 한 여성은 자신이 성적으로 학대받은 이야기를 하다가 그만 슬픔에 복받쳐 제대로 말을 잇지 못했다. 그러자 오프라가 떨리는 목소리로 말했다.

"나도 그런 경험이 있어요."

모두가 웅성거리기 시작했다. 오프라 윈프리는 어렸을 적 자신의 성폭행 경험을 이야기했고 방청석은 울음바다가 되고 말았다. 그 프로그램을 시청하던 수많은 사람도 마찬가지였음은 말할 것도 없다. 그때부터 오프라 윈프리와 그녀의 토크쇼는 세계 최고의 프로그램이 됐다. 자신의 아픔을 부끄러운 치부로 생각하지 않고 함께 나누고 공감하는 말감으로 여기면, 남 앞에서 이야기하는 자리에서도 마음이 가벼워질 수 있다. 나의 말을 통해 단 한 분이라도 위로받을 수 있다면 그보다 값진 스피치가 또 있겠는가.

이러한 경험 나누기는 누구나 할 수 있다. 겉으로 아무리 평탄한 삶을 산 것처럼 보여도 각자에게는 크고 작은 시련과 극복의 이야기가 있다. 그 이야기가 다른 사람들과 소통을 나눌 때 마음과 마음을 이어주는 가교 역할을 한다. 내가 그동안 깨달은 것은 어려움도 나눌 줄 알아야 한다는 것이다. 자신이 어두컴컴한 정글을 온갖 고생 끝에 헤쳐나왔다면, 다른 사람에게도 그 길을 알려줄 수 있어야 한다는 뜻이다.

나 혼자 빠져나왔다고 해서 안도의 한숨만 쉴 게 아니라, 나처럼 깊은 정글을 헤매고 있는 사람에게 희망의 메시지를 주어야 하는 것이다.

그러기 위해서는 자신의 이야기를 스토리텔링으로 정리하는 과정이 필요하다. 나의 이야기라고 해도 다시 관찰하고 곰곰 생각해보면서 중요한 삶의 고비를 되짚을 때 나의 고백, 스토리, 키워드, 메시지 등을 뽑을 수 있다. 아마 많은 사람이 자신의 삶을 담담하게 되돌아본 적이 없을 것이다. 사실 그리 어려운 것은 아니다. 있는 그대로의 자신을 돌아보고 사람들 앞에서 말할 수 있으면 된다. 마치 법정에서나 봄직한 논쟁과 증명의 대상으로 삼을 이유가 없다. 나의 인생, 나의 이야기를 가지고 스스로 무슨 시비를 가리겠는가.

성공의 말, 즉 자기계발과 성공학을 주제로 메시지를 전달할 때 가장 설득력이 있는 것은 자신의 이야기를 통해 전달하는 것이다. 자신의 이야기는 쏙 빼놓고 유명한 인물들이나 이런저런 좋은 말들을 편집해서 전하는 것이 통하던 시절은 지났다. 사실 방송이나 강연에서 말하는 메시지와 중요한 키워드의 의미는 이미 널리 알려진 것이 많다. 열정, 혁신, 변화 등을 모르는 사람이 거의 없다. 그럼에도 왜 강연과 방송에 사람들이 몰리는 걸까? 왜 사람들이 「강연 100℃」나 「세상을 바꾸는 이야기 15분」에 열광하는 것일까?

의미가 담긴 말은 누구나 다 할 수 있다. 그러나 그 모든 말이 상대방의 마음에 닿을 수 있다고 확신할 수는 없다. 무엇보다 경험의 공감이 이루어질 때 사람들은 고개를 끄덕인다. "뭐 그렇고 그런 뻔한 이야기가 아니겠어?"라고 심드렁한 표정으로 듣고 있다가도 자신이 겪은 것과 비슷한 이야기가 들리면 귀가 솔깃해지고 마음의 문을 열게 된다. 내가 깨달은 것이 누군가에게 절실한 방향타가 될 수 있다. 세상의 모든 일을 시행착오를 겪으며 배울 수는 없다. 내가 젊은 청소년과 청년들에게 나의 소중한 삶의 지혜와 경륜을 말하는 것도 내가 겪었던 고통을 똑같이 겪지 말고 조금이라도 덜 상처를 받으며 극복했으면 하는 바람 때문이다.

경험과 지혜가 담긴 말은 마치 내가 물건을 직접 써본 뒤에 주위에 권하는 것처럼 설득력이 크다. 말솜씨가 뛰어난 전문가의 말이 세일즈맨의 영업 같은 것이라면, 평범한 사람들이 자신의 이야기를 말감으로 삼아 이야기를 하는 것은 물건을 써본 뒤에 주위에 권하는 열렬한 소비자의 말과 같다. 그래서 마케팅에서도 소비자들이 직접 체험하면서 장점을 공유하는 스토리가 더 설득력이 있다고 말하는 것이다.

말로 긍정의 기운을 불어넣고 삶을 풍요롭게 하라

자신의 경험을 통해 전하고자 하는 것은 세상을 지혜롭게 살기 위한 좋은 뉴스이다. 그 뉴스는 우리가 흔히 언론에서 보는 것처럼 누가 어디서 어떤 일을 했는지에 대한 소식이다. 여기서 '누가'는 바로 나 자신이고 내가 겪은 사람들이다. 자신이 이런저런 우여곡절과 힘겨운 상황을 헤쳐 온 것을 보면 분명 뭔가 깨달은 것이 있을 것이다. 어려움을 극복했던 사람들은 대체로 그 과정에서 인생의 깨달음과 지혜를 얻는다. 그게 무엇인지 정의를 내릴 수 있어야 한다. 그리고 새로운 삶 혹은 도전에 앞서 어떤 결단과 삶의 자세를 갖췄는지도 되돌아볼 필요가 있다.

요즘 금수저라는 말이 있다. 하지만 그럼에도 행복은 타고난 행운에 의해서 만들어지는 것보다 자신이 만들어가는 것이라고 했다. 소통의 목적도 이와 다를 게 없다. 긍정의 기운을 불어넣고 희망의 미래를 설계하자는 것이 소통이다. 금수저를 물고 태어나지도 않은 내가 청년과 직장인을 비롯한 많은 사람 앞에서 스피치를 하는 이유도 인생의 긍정적인 메시지를 전하려는 것 때문이다. 금수저가 없어도 충분히 자신의 행복을 찾을 수 있다는 공감의 메시지를 나누려 한다. 자신이 흙수저이고 더 이상 흙수저가 금수저가 될 수 없는 세상이라고 원망하는 사람들에게 내 인생의 민낯을 보여주며 일어서라고 말하고 싶다.

긍정심리학을 주장한 마틴 셀리그만은 심리학의 초점을 고통에서 행복으로 옮겨야 한다고 했다. 내가 생각하는 소통의 목적 중 한 가지도 행복하고 긍정적인 삶을 살자는 것이다. 나는 신앙을 통해 긍정적인 삶과 행복을 추구한다. 그래서 아나운서 생활과 잠시 몸을 담았던 정치 인생 등 수많은 인생의 분기점에서 겪었던 어려움들을 극복할 수 있었다. 그리고 그 과정에서 나는 누구인지, 나의 삶의 목적은 무엇인지 생각하게 되었고 그 결과 '나의 인생사명서'를 만들게 되었다. 말하기 전문가로 살아온 나의 삶의 목적을 발견하게 된 것이다. 삶에 큰 영향을 끼치는 말하기를 연구하여 강연과 방송, 집필 등을 통해 많은 사람에게 좌절보다 희망의 변화를 살 수 있도록 하는 것이 나의 사명임을 깨닫고 그 사명을 감당하기 위해 노력하는 중이다.

씨앗의 말을 하자

오 헨리의 『마지막 잎새』에서 아픈 존시는 벽에 붙은 담쟁이의 마지막 잎새는 꺼져가는 자신의 생명이자 마지막 끈이라고 여긴다. 이마저 바람에 날아가면 자신도 죽을 것이라는 생각에 절망한다. 그러나 아래층의 늙은 예술가는 밤새 차가운 비바람에도 작은 이파리 한 장을 그려 놓는다.

희망은 대체로 슬며시 찾아온다. 존시의 희망은 그리 대단한 게 아니었다. 작은 씨앗이 땅에 묻혀 뿌리를 내리고 줄기를 키워 자라듯이 희망도 서서히 찾아오고, 또 천천히 밝은 미래를 만들어가는 것이다. 사람들끼리 하는 소통도 마찬가지이다. 마치 당장 벼락부자가 될 것처럼 떠들어대는 말은 믿을 수 없다. 다소 느리더라도 씨앗을 심고 물을 주며 뿌리가 내리고 줄기가 자라는 자연의 섭리처럼 기다릴 수 있어야 한다. 즉 부질없는 약속과 허황된 믿음을 주는 말보다 희망의 씨앗을 품은 말을 해야 한다.

재난 구호가인 한비야는 어떤 마을에 씨앗을 나눠주고 옆 마을로 갔다. 그곳에선 더 이상 줄 씨앗이 없어 그냥 돌아왔다고 한다. 해가 바뀌고 다시 그곳을 찾아간 한비야는 씨앗을 나눠준 마을의 주민들이 대부분 아직까지 그곳에서 살고 있는 것을 봤다. 그러나 씨앗을 나눠 주지 못한 옆 마을은 흔적도 없이 사라지고 말았다. 그렇다고 그녀가 씨앗을 나눠준 마을에 씨앗의 열매가 맺힌 것은 아니었다. 그렇지만 그 마을의 주민들은 언젠가 땅에 심은 씨앗이 자라 결실을 줄 것이라 는 희망을 기다리며 남아 있었던 것이다.

용기의 싹을 틔우는 한마디

캄캄한 터널을 지나며 누군가는 "조금만 참고 가보자. 터널의 끝이 곧 나올 거야."라고 말하는 사람이 있을 것이다. 반면에 어떤 사람은 "캄캄한 땅굴을 어떻게 빠져나갈 수 있다는 거야? 아무리 출구를 찾 으려 해도 찾지 못할 거야."라고 포기한다. 말 한마디의 차이인데, 전 자는 희망과 용기를 얻는다. 그러나 후자는 좌절과 절망으로 더 이상 한 발자국도 움직일 수 없을 것이다.

똑같은 상황에서 마음에 어떤 씨앗을 심느냐에 따라 사뭇 다른 결 과를 가져온다. 즉 희망의 씨앗을 뿌릴지, 아니면 절망의 씨앗을 방치 할지는 자신이 선택할 수 있다. 그렇다면 굳이 절망의 씨앗을 움켜쥐 고 있을 이유가 없다. 희망의 씨앗이 무럭무럭 자랄 것이라는 믿음을 포기하지 않으면 된다.

나는 용기를 주는 말 한마디의 힘을 여러 번 경험했다. 그런데 막연 하게 희망을 가지라고 용기를 내라고 말하는 것이 아니라 희망의 씨 앗을 담은 말이어야 한다는 것을 새삼 깨달은 적이 있다. 한번은 아는 분이 너무 열심히 강연을 하시는 바람에 성대 결절이 생겨 수술을 해 야 한다는 이야기를 들었다. 교도소와 병원에서 청년들을 위해 몸을 아끼지 않고 강연을 하다 보니 결국 목소리가 고장이 나고 말았다는 것이다. 나는 마이크를 쓰시느냐고 물었다. 놀랍게도 맨 목소리로 소리를 높여 강연을 했다는 것이다. 열정과 건강은 비례한다는 보장이 없다. 그래서 조심스레 조언을 해드렸다. "마이크를 사용해 보세요. 요즘은 그리 크지 않은 휴대용 앰프도 가지고 다닐 수 있습니다." 하고 말씀드렸다. 나의 아나운서 경험을 살려 배에서 나는 굵고 낮은 목소리의 효과와 복식호흡의 방법도 알려드렸다.

곧 성대 결절 수술을 앞두고 있던 그 분은 나의 이야기를 듣고 그대로 실천하셨다. 그리고 얼마 후에 수술을 하지 않아도 된다는 진단을 병원으로부터 받았다고 한다. 놀라운 일이었다. 그저 "빨리 낫게 되기를 바랍니다." 하고 쾌유의 말로 마음을 전할 수도 있지만, 구체적으로 목을 보호하고 낮고 울림이 있는 목소리를 낼 수 있는 방법을 가르쳐주면서 쾌유를 기원한 것이 효과가 있었던 것이다.

"너는 반드시 잘될 거야!"

방송학개론 수업을 하러 강의실에 들어갔을 때였다. 중간고사를 앞둔 학생들의 표정이 매우 초조해 보였다. 시험을 앞두고 불안해 하는 눈빛을 보니 당장 수업을 시작하는 것보다 도움이 될 만한 말을 하고 싶어졌다. 그래서 "인생은 계단처럼 발전하는 것입니다." 하는 말로 이야기를 시작했다. 인생은 계단처럼 꾸준히 성장하는 것이지, 로켓처럼 단숨에 하늘 높이 치솟는 것이 아니라면서 말이다.

나는 학생들에게 내 이야기를 들려줬다. 아나운서 생활에 이어 지금의 교수까지 차근차근 걸어왔던 계단을 보여준 것이다. 언제나 한

계단씩 밟고 올라섰다. 한 계단 올라서면 비로소 아래 계단에서 아쉬웠던 자신을 볼 수 있었다. 좀 더 열심히 했더라면 하는 후회가 있었지만, 인생이 늘 그런 것이라고 말했다. 아쉬움이 있으니 더 발전하려고 노력했고 노력한 만큼 성장하는 것이 인생이다. 공부를 하는 학생들도 공부 자체를 걱정거리라 생각하지 말고 그냥 하는 대로 하라고 했다. 지금 학생의 신분에서 자신이 해야 하는 것은 공부이기 때문이다.

늦은 나이에 공부를 시작했던 나는 적잖은 고생을 했다. 그러나 옛 글에서 본 공부에 대한 이야기를 떠올리며 위안을 삼았다. 사람들은 공부를 시작할 때 잘해야 한다는 각오부터 세운다. 그러나 이것은 욕심에 불과하다. 그런데 공부를 한다는 게 어디 그리 쉬운 일인가? 잘해야겠다는 각오는 어느덧 왜 이렇게 공부를 못하느냐고 자책하는 한탄으로 바뀐다. 그런데 이 자책의 한탄은 교만이라는 것이다. 공부하는 이유가 뭔가? 부족하고 모르는 것이 있으니 하는 것이다. 그러니 공부가 제대로 안 되는 것은 지극히 정상인 셈이다. 그러다 보면 자꾸만 막히던 공부가 어느 날에는 술술 풀릴 때도 있다. 이제 공부가 제법 되는 것이라 생각된다. 하지만 이런 마음은 어리석은 것이라고 한다. 공부가 잘된다고 해봤자 얼마나 잘되겠는가. 평생을 공부한 석학들도 여전히 공부는 어려운 것이라고 하는 마당에 공부가 쉽다고 말하는 게 말이 안 된다. 그래서 공부는 '그냥 하는 것'이라는 결론이다. 욕심, 교만, 어리석음으로 공부를 바라보지 말고 그저 묵묵히 그냥 공부하면 된다.

공부는 그냥 하는 것이라는 것을 터득하고 보니 공부할 때가 늦었다거나 힘들어서 할지 말지를 저울질하는 것도 어리석은 생각이었다.

한 계단씩 밟아 올라가야 목적지에 도달하듯 공부를 하니 어느덧 석사 학위와 박사 학위까지 받고 지금은 대학에서 후학을 가르치게 된 것이다.

문득 돌아가신 친정어머니의 말씀이 떠올랐다. 어머니는 장남에게 늘 "너는 점점 잘되는 아이야."라고 격려의 말씀을 하셨다. 그러나 내 눈에는 남동생은 자전거나 사달라고 땅바닥에 누워 떼를 쓰는 철없는 아이였다. 재수를 하고 들어간 대학에서도 공부보다 기타를 치는 것에 빠져 있었다. 그러나 어머니는 그때도 똑같이 동생에게 점점 잘하는 아이라고 말씀하셨다.

엄마의 믿음과 아들에 대한 긍정적인 시선 덕분일까. 동생은 지금 우리나라를 대표하는 기업의 임원이 되어 전 세계를 누비고 있다. 엄마가 말한 것이 실제로 이루어진 셈이다. 학생들을 바라보는 나의 심정도 엄마와 똑같다.

'피그말리온 효과'라는 것이 있다. 교사가 학생들에게 너는 잘 될 거라는 말을 해주고 그렇게 기대하면 정말 기대대로 그렇게 성장한다는 교육학 이론이다. 이처럼 원하는 대로, 바라는 대로 이루어질 것이라는 믿음으로 학생들에게 "너는 반드시 잘될 거야."라고 말해주고 싶다. 그 믿음을 버리지 말고 공부를 그냥 하면 된다고 말이다.

로젠탈이 말한 피그말리온 효과와 달리 '골렘 효과'라는 이론도 있다. 선생님이 학생에게 부정적인 기대를 하거나 별다른 기대를 하지 않으면 그 학생의 성적은 떨어진다는 것이다. 기대가 없으니 부응할 노력도 하지 않아서 성적은 떨어질 수밖에 없다. 똑같이 나에게 뭔가를 배우고 공부를 하겠다고 찾아온 학생들에게 굳이 골렘 효과를 볼 필요는 없지 않은가. 가르치는 선생이 제자에게 할 수 있는 말은 정말 단순한 말 "잘될 거야, 힘들어도 열심히 해."라는 것이 아닐까 싶다. 반드시 잘될 것이라는 말에는 희망의 씨앗을 담고 있기 때문이다.

'나' 자신과 얘기해보자

스피치에서 가장 중요한 것이 바로 자신에게 말하기이다. 내가 가진 생각과 가치가 잘 가다듬어졌는지 스스로 확인하는 방법이다. 나는 이것을 '셀프 토크'라 부르도록 하겠다. 자신에게 자주 물어보며 전달할 메시지를 정확하게 정리하는 과정이 셀프 토크이다.

'나'에게 용기를 주자

미국 대선 후보 힐러리 클린턴은 가부장적인 가정에서 자랐다. 그녀의 아버지는 매우 보수적이었고 늘 딸에게 "여자인 주제에 무슨 성공이야!"라고 윽박지르고 주눅이 들게 했다. 또 아버지의 뜻에 따르지 않아도 불호령이 떨어졌다. 힐러리는 그런 보수적인 아버지의 뜻대로 살고 싶은 마음이 전혀 없었다. 그래서 그녀는 집에서 멀리 떨어진 곳에 있는 대학을 선택하고 스스로에게 말을 걸었다.

"나는 여자이지만 꼭 성공할 거야!"

힐러리는 대학을 다니는 동안에 자신에게 이 말을 계속 중얼거렸다고 한다. 한시라도 의지가 약해질까 봐 자신을 다잡는 주문이었던 셈이다. 그런데 그녀의 셀프 토크는 한 어린 소녀의 다부진 결의에 그치지 않고 차츰 세상을 향해 말하는 메시지로 진화됐다.

"아버지가 정해준 길을 거스른 딸들 앞에는 얼마나 굉장한 세계가 펼쳐지는가!"

힐러리는 스무 살 무렵부터 자신에게 말을 걸면서 자신만의 정체성과 메시지를 만들어냈다. 그리고 오늘까지도 그녀는 자신의 메시지를 삶의 곳곳에서 보여준다. 대통령 영부인과 국무장관 그리고 대선 출마까지 굉장한 세계를 경험하고 있다.

자신에게 말을 거는 것은 스스로를 되돌아보는 습관을 지니게 한다. 제니퍼 로스차일드는 『내 영혼에게 말 걸기』라는 책에서 자신에게 '샬롬'이라고 다정하게 인사하라는 제안을 한다. '평화'와 '평안'을 뜻하는 히브리어 '샬롬'을 건네며 말을 걸어보라는 것이다.

일기를 쓰는 것도 스스로에게 말하는 과정이다. 그저 하루를 기록하는 것에 그치는 게 아니라 일상을 되돌아보며 자신의 생각을 가다듬는다. 골리앗을 이긴 다윗은 자주 자신과의 대화를 통해 신의 가르침을 되새기고 반성을 했다. 이순신 장군이 절체절명의 순간에 수군들에게 리더십의 메시지를 전달할 수 있었던 것도 매일 밤 『난중일기』를 적으며 애환과 결의를 다지고 성찰의 시간을 보냈기 때문이지 않을까.

드라마나 연극을 보면 가끔 등장인물이 독백하는 장면이 나온다. 특히 그중에서 자신에게 말을 걸며 내면의 목소리와 대화를 나누는 장면이 있다. 일상에서도 이런 독백과 내면과의 대화처럼 짧게라도 나누는 것이 필요하다.

나의 상처에 먼저 귀기울여보자

영화 「킹스 스피치」는 갑자기 왕위를 내던진 형 때문에 왕위에 오른 영국의 조지 6세의 이야기를 다루고 있다. 안타깝게도 그는 말을 더듬는다. 국민 앞에서 연설도 해야 하고 또 전쟁의 위기 앞에서 강인한 지도자의 모습을 보여주며 설득의 스피치를 해야 하는 왕으로서는 치명적인 결함을 안고 있는 셈이다. 왕실은 국왕의 말 더듬는 증세를 고치려 오스트레일리아의 언어치료사를 초빙한다. 그런데 이 치료사는 왕에게 말을 더듬는 것을 기능적으로 고치려 들지 않았다.

치료사는 왕의 친구를 자처하며 마음속 깊은 곳의 아픔을 끄집어낸다. 역시 예상한 대로 왕이 말을 더듬는 증상은 성장 과정에서 비롯됐던 것이다. 엄격한 왕실의 훈육에 주눅이 들어 말까지 더듬게 된 것이다. 언어치료사는 조지 6세의 억눌린 자아를 끄집어내어 치유한다. 그리고 결국 유럽 대륙을 짓밟고 영국을 위협하는 나치 독일에 맞서 싸울 것을 국민에게 말하는 연설을 감동적으로 해낸다. 조지 6세처럼 말하기에 앞서 기술이나 달변은 그리 중요하지 않다. 말을 더듬을 만큼 억눌린 자아와 삶을 찬찬히 되짚어보며 조금씩 자신의 발자국을 남길 수 있을 때 현란하지 않은 말솜씨라도 큰 감동을 줄 수 있다.

스피치를 배우려는 사람 중에 당장 써먹을 말재주를 요구하기도 한다. 하지만 만약 그 사람이 조지 6세처럼 말을 더듬는 사람이라고 치자. 아무리 훌륭하고 센스가 넘치는 문구로 작성한 스피치 원고를 가져다 놓아도 그 사람은 끝까지 말을 하지 못할 것이다. 말을 하는 도중에 말을 더듬는 자신이 부끄러워 중단할 가능성이 높다. 이런 사람도 조지 6세처럼 말 더듬는 증상부터 고쳐야 한다. 그렇게 하기 위해서는 마음속 깊숙이 자리 잡은 오래된 상처를 쓰다듬고 회복하는 것이 더 중요하다. 이 증상은 갑작스러운 긴장보다 오랜 시간 동안 자신을 주눅이 들게 한 삶의 문제라고 볼 수 있기 때문이다.

평소 아무렇게나 말하는 것에 앞서 한 번쯤은 스스로 삶을 되돌아보는 것이 좋다. 취업이나 각종 면접을 앞두고 쓰는 자기소개서처럼 생각하면 된다. 누구나 인정하는 좋은 자기소개서의 사례는 미사여구나 허세로 가득 찬 게 아니다. 정제되지 않은 주장이나 당위적인 이야기로 채워진 자기소개서는 결코 잘 썼다고 평가받을 수 없다. 자신의 삶과 가치를 소개하면서 상대방이 공감할 수 있도록 잘 만든 스토리텔링이 면접관들의 마음을 움직이게 한다. 좋은 자기소개서는 자신의 성향과 매력을 에피소드와 엮어서 쉽고 간결하면서도 인상 깊은 스토리로 구성되어 있다. 자기소개서를 진정성을 가지고 쓰다 보면 자신도 미처 몰랐던 장점이나 메시지의 허점 등을 발견할 때가 있다. 말하기에도 이런 과정이 필요하다.

설득력을 얻을 수 있는 말하기는 지식의 자랑이 아니다. 토론이나 세미나에서 종종 보는 경우가 있는데 어떤 주제에 대해 아주 현학적으로 말하는 사람들이 있다. 하지만 수많은 철학자와 지식인들의 말을 여러 번 인용해도 좀처럼 가슴에 와 닿지 않는다. 자신의 메시지라기보다 여러 유명 인물들의 말을 짜깁기하는 수준이니 설득력은커녕 무슨 말을 하고자 하는지조차 가늠하기 어렵다.

말은 반드시 행동으로 증명해야 한다

가끔 방송이나 언론보도에서 공인이라 하는 사람들이 아무리 좋은 말을 해도 사람들이 고개를 갸웃거릴 때가 있다. 그 사람의 인생 행적과는 사뭇 다른 이야기를 하니 설득력이 없다.

예컨대 부정부패나 정도를 벗어난 일 때문에 구설에 오른 사람이 명확한 해명도 없이 좋은 말만 늘어놓는다면 누가 믿겠는가. 스피치는 자신을 드러내는 것이다. 미사여구로 포장한 말솜씨가 중요한 게 아니라 말을 통해 나를 드러내 보이는 게 말하기의 본질이다. 즉 자신의 삶을 통해 말하는 것이다.

사람들은 나를 스피치 전문가라고 인정한다. 나를 처음 만났고 대화 한 번 나누지 않은 사람들이다. 왜 그럴까? 이유는 단순하다. 그분들은 내가 아나운서 출신으로 TV 9시 뉴스와 라디오 DJ 등 다양한 방송 프로그램을 통해 말을 하는 모습을 오랫동안 지켜봤기 때문이다. 힐러리가 대선에 나서고 사람들의 주목을 받는 것도 대통령 영부인이었다는 화려한 이력 때문은 아니다. 그녀는 결혼 전부터 확고한 자신의 생각, 철학, 그리고 행동을 보여준 인물이다. 그래서 사람들은 귀를 기울인다. 그녀가 전하는 메시지는 그녀의 내면과 삶에서 진정성을 발견할 수 있기 때문이다.

나는 스피치 때문에 고민하는 분들에게 가장 먼저 스스로를 되돌아보라고 권하고 싶다. 내가 전하는 것은 누군가의 메시지가 아니라 자신만의 생각이 있어야 하기 때문이다. 앵무새처럼 다른 사람의 이야기를 읊는 것은 스피치가 아니다. 자신의 메시지를 전달하기 위한 여러 가지 소통 방법의 하나가 바로 말하기이고 스피치이다. 자신의 메시지를 전달하는 것은 삶을 되돌아보며 가치를 정리하는 것이다. 자신이 말하기를 좀 더 효과적으로 하려면 먼저 자신의 메시지를 가다

듣는 과정부터 가지는 게 좋다.

사람들은 뉴스를 전달하던 내가 말하기를 가르친다니 그저 아나운서의 기술만을 전수할 것으로 생각한다. 그러나 내가 더욱 공들여 전달하려는 것은 스피치의 기본이다. 그 기본은 자신의 삶을 성찰하는 것에서 찾을 수 있다. 자신의 삶을 찬찬히 되돌아보며 정리해보자. 그럼 내가 말하고자 하는 메시지가 정말 나의 뜻인지, 또 내 뜻이 맞는다면 어떻게 전달할지를 정리할 수 있다.

자기 긍정의 말을 하자

TV 프로그램 중에「동상이몽」이라는 예능 프로가 있다. 한집에 사는 부모와 자식 간에 생긴 오해와 갈등을 TV에 출연해 서로의 마음속 깊은 생각을 꺼내 보이며 풀어가는 과정을 보여주는 방송이다. 그런데 부모와 자식이 나누는 대화가 놀라울 때가 한두 번이 아니다. 서로에 대한 불만은 여지없이 말로 쏟아져 나온다. 부모는 아이들에게 "넌이래서 문제야!" "안 돼! 하지 마!"를 마치 관용어구 사용하듯 자주 한다. 당연히 아이는 발끈한다. 왜 자신의 속마음을 몰라주느냐고, 어떻게 해서 내가 이런 행동을 하는지 궁금하지 않으냐고 반발한다.

그나마 이렇게라도 말하는 아이가 있으면 다행이다. 많은 아이가 부모의 "문제야." 안 돼." "하지 마." 타령에 말문을 닫고 마음마저 황폐해져 버린다. 그리고는 부모의 부정적인 말들이 알지 못하는 사이에 그 아이를 지배하게 된다. '정말 나는 문제투성이다 하는 일마다다 잘 안 되는 보잘것없는 사람일지도 몰라.' 하는 부정적인 생각마저 스스로 하게 되는 것이다.

말하기는 그 말을 듣는 사람의 태도와 가치관에 많은 영향을 끼친다. 아무리 좋은 뜻으로 하는 말이라도 부정적인 표현을 잔뜩 담아 전달하면 곧이곧대로 내용의 전달이 이루어지지 않을 때도 있다. 대부분의 부모가 아이들을 훈계할 때는 자신이 겪어 온 삶의 경륜이 담긴 지혜로운 내용일 것이다. 그러나 긍정의 표현보다 '안 된다'거나 '문제'라는 말을 내세우며 하는 말은 그저 듣기 싫은 잔소리로 전락하고 만다. 정작 심각한 것은 애절한 마음으로 전달하려는 그 메시지보다 아이로 하여금 부정적인 마인드를 가지게 하여 아이도 그런 말을 스스럼없이 따라 사용하게 한다는 것이다.

에잇, 부자가 될 놈아!

부정적인 표현을 버릇처럼 사용하는 사람들이 뜻밖에 많다. 자신의 말에서도 이런 표현을 아무렇지도 않게 사용한다. 예를 들어 실제 상황을 강조해서 말하려는 경우에 부정적인 표현을 끌어다 쓴다.

가장 많이 하는 말 중에 "죽겠다"와 "미치겠다"가 있다. 날씨가 영하로 내려가면 "무슨 날씨가 이래? 너무 추워. 얼어 죽겠어!"라는 말을 심심찮게 들을 수 있다. 직장에서 마음이 맞지 않은 상사와 갈등이 생길 때도 "저 양반 때문에 정말 미쳐버리겠어!"라고 투덜댄다. 그런가 하면 맛있을 때도, 좋을 때도 죽겠다는 말과 미치겠다는 말은 난무한다. "난 저 가수가 좋아 죽겠어!" "미치도록 재미있어!" 등 곳곳에서 죽을 사람과 미칠 사람이 넘쳐난다.

좋은 상황을 두고 쓰는 말이야 흘려서 들을 수 있다. 그러나 좋지 않은 상황에서 "문제야." "안 돼." "하지 마." "죽겠어." '미치겠어." 등의 말을 습관처럼 쓰는 것은 자꾸만 그 말을 듣는 상대를 위축시킨다. 그뿐만 아니라 그런 말을 자주 듣는 사람 스스로도 차츰 부정적인 말을 쓰는 빈도가 잦아지게 마련이다.

　미국의 카운슬러이자 목사인 게리 채프먼은 저서 『십대의 5가지 사랑의 언어』에서 자녀가 스스로를 긍정과 사랑받는 존재라고 생각할수 있는 언어들을 소개했다. 그가 말한 사랑의 5가지 언어는 '긍정의 언어' '신체적인 접촉' '진지한 대화시간' '봉사의 행동' '선물' 등이다. 사람마다 자신이 사랑받는다는 것을 느끼는 언어가 서로 다를 수 있다는 것이다. 말하자면 어떤 아이는 부모로부터 선물을 받으면 자신이 사랑받는다고 느끼고, 어떤 아이는 쓰다듬어 준다거나 어깨동무를 해주는 등의 신체접촉이 있을 때 사랑받는다고 느낀다는 것이다. 그 중의 중요한 하나가 바로 '긍정의 언어'이다. 하루 중 수없이 오고 가는 대화 중에 부모가 말하는 긍정의 대화야말로 자녀들이 사랑받는다고 느끼는 소중한 방법이 되는 것이다. 부모가 이러한 사랑의 언어로 아이와 소통한다면 굳이 "너는 사랑스러운 존재야."라고 말하지 않아도 아이가 스스로 그렇게 생각한다는 것이다.

　게리 채프먼의 주장처럼 똑같은 상황에서도 긍정의 언어를 쓰는 것과 부정의 언어를 쓰는 것의 차이는 실로 크다. 어릴 때부터 엄마에게 매번 "머리가 나쁘다." "엉망진창이다."라는 등의 부정적인 말을 들은 아들이 있었다. 이 아들이 커서 결혼하여 아이를 낳았다. 그의 엄마는 손자가 태어난 것을 축하하러 아들 집에 들렀다. 그리고 갓난아기를 안고 기뻐서 말한 첫 마디가 "아휴, 너 같은 멍청이한테서 어쩌면 이렇게 잘난 아이가 나왔니?" 한 것이었다고 한다. 엄마는 손주가 아주 예쁜 나머지 툭 던진 말이다. 하지만 아들은 '멍청이'란 단어가 비수처럼 가슴에 꽂히고 말았다. 엄마는 아무렇지 않게 한 농담이었지만, 그 농담이 아들에게는 평생 그를 괴롭힌 아픈 트라우마를 일깨우는 단추를 누른 꼴이 되고 만 것이다.

일상에서 쓰는 말에서부터 표현을 가려 쓰고 긍정의 언어를 쓰는 습관을 지녀야 한다. 특히 의식적으로 칭찬의 말을 하는 습관을 지니는 게 좋다. 고래도 춤추게 한다는 칭찬은, 긍정의 언어 표현으로는 제격이다. 만약에 위에서 언급한 엄마가 아들이 어렸을 적에 늘 칭찬과 긍정의 언어로 말을 건넸다면, 잘생긴 손주를 강조하기 위해 아들에게 사용한 '멍청이'의 표현은 재미있는 조크가 되어 웃음꽃을 피어나게 하지 않았을까.

영어를 유창하게 구사하는 한 여성은 자신의 어렸을 적 기억을 이렇게 이야기한다. "우리 아버지는 참 무뚝뚝한 분이셨어요. 그런데 손님이 오시거나 친구분께 저를 소개하실 때마다 늘 이렇게 말씀하셨지요. '얘는 영어를 참 잘한답니다. 그 어려운 'l' 발음과 'r' 발음도 얼마나 잘 구별하는데요.' 참 별것 아닌 것이었지만, 아버지의 그 말씀이 제게 큰 격려가 되었어요. 나중에 그 기대에 어긋나지 않게 제가 영어 공부를 잘하게 된 계기가 되었답니다."

내가 사는 지역에 구의원 한 분은 웬만하면 부정적인 표현을 쓰지 않으려 애를 썼다. 지역민들의 표심을 얻어야 하는 정치인이니 부정적인 말을 함부로 썼다가는 곧바로 낙선의 나락으로 떨어질 테니 말을 가려 쓰려 했을 것이다. 그런데 그분도 사람인지라 정말 욕을 하고 싶을 때가 있다고 한다. 그런 상황이 생길 때면 그분은 늘 이렇게 말한다.

"에잇, 이 부자가 될 놈아!"

이 구의원의 욕을 듣는 사람이 과연 욕이라고 생각할까? 의견이 대립되는 말을 주고받다가도 이 말 한마디에 웃음이 나고 말 것이다. 이런 분에게는 딱히 적이라고 할 만한 사람이 그리 많지 않다.

자기 긍정의 말하기 습관

"요즘 장사 잘되세요?"

동네에 있는 시장에 장을 보러 가면 장사가 잘되느냐고 묻는 인사를 하게 된다. 그럼 대략 두 가지의 반응이 나온다.

"불황이긴 한데 웬만큼 잘되고 있습니다."

"죽을 맛입니다. 이 놈의 불황 때문에……."

비슷한 규모로 장사하는데 한쪽은 불황이라도 어느 정도 매상을 올리고 있다면서 웃음을 짓는다. 반면에 또 다른 쪽은 한숨을 푹푹 내쉰다. 물론 엄살일 수도 있고, 아니면 실제로 각각의 가게 매상이 차이가 날 수 있다. 그러나 똑같은 불황인데 한쪽은 잘되고, 또 다른 쪽은 울상을 지어야 하는 것은 주인의 마음가짐 차이일 수도 있다.

누구나 다 늘 좋은 상황을 맞이하는 것은 아니다. 그러나 지금은 어렵다고 해도 좋은 날이 오리라는 기대감으로 긍정 마인드를 가지는 것이 낫다. 잘되고 있다고 말한 가게 주인은 나에게 건네는 인사이자 스스로에게 말하는 것이기도 하다.

자기계발 분야에서 가장 많이 강조하는 것은 "나는 할 수 있다!"이다. 불합리한 사회 구조 문제를 개인의 탓으로만 돌리면서 무조건 "내가 잘해야 살아남을 수 있다"고 강요하는 것도 문제이지만, 긍정적인 영향을 끼친 것도 사실이다. 할 수 있다는 믿음과 스스로에 대한 주문으로 성장의 발판을 마련하고 경제발전을 이룬 것이기 때문이다.

사회 문제로 억울한 심정은 이해한다. 하지만 모든 것을 남 탓 사회 탓을 하는 것만으로는 긍정의 미래를 열 수 없다. 또 "나는 이 문제를 해결할 수 없을 거야!" 하며 뭘 해보기도 전에 포기하는 것보다 어쨌든 할 수 있다는 말을 하며 도전하는 게 좋지 않겠는가?

자기 긍정은 강한 믿음으로 가능하다. 종교적인 신념이나 혹은 스스로가 미래에 대한 희망을 가진 사람은 늘 밝은 긍정적인 면모를 가지고 있다. 이런 사람이 하는 말은 왠지 신뢰가 가고, 또 힘든 상황에 빠졌을 때 아무런 대가 없이 도와주고 싶다.

긍정적인 말을 하는 것은 실제로 효과가 있다. 대뇌를 연구하는 학자들은 뇌세포의 98%가 말로부터 영향을 받는다고 한다. 우리가 흔히 말이 씨가 된다고 하지 않는가? 이 말이 그냥 나온 게 아니다. 자신이 하는 말에 따라 행동이 이루어진다. 그렇다면 부정적인 말을 늘어놓는 사람은 알게 모르게 스스로의 삶을 불행하게 만들 가능성이 높다.

아무리 좋은 의도를 가지고 말하더라도 부정적인 말은 나와 상대방을 함께 망치게 한다. 그래서 긍정의 말하기는 생명의 언어이자 칭찬의 말하기로 모두에게 좋은 소통이라 할 수 있다. 부정적인 비난의 말은 비수가 되지만 긍정의 말하기는 행복의 주문이 된다. 특히 자기 긍정의 말하기는 자신에 대한 긍정의 주문을 거는 것과 다름없다. 그리고 자기 긍정의 말하기는 소통의 대상으로부터 신뢰를 얻을 수 있다. 부정적인 언어와 행동보다 긍정의 언행을 신뢰하는 것은 당연하다. 그러니 모든 말하기에 앞서 긍정적인 자아를 찾는 것이 우선적으로 중요하다.

히브리어의 '아브라카다브라Abracadabra'는 말한 대로 이루어진다는 뜻으로 유대인들의 생활 법칙이 되었다. 사토 도미오 교수는 자신이 확립한 '입버릇 과학'이란 이론을 통해 대뇌 자율신경계와 인간의 행동과 언어가 서로 긴밀한 연관관계를 맺는다고 주장한다. 사람의 운은 기적이나 우연이 아닌 자기 마음이 부른다는 그의 주장에 대입하면, 늘 부정적인 마음에서 나오는 부정적인 말이 나의 불행이나 실패를 가져온다는 얘기가 되는 것이다. 그러니 늘 자신이 말하는 부정적인 언어대로 미래의 내가 고스란히 만들어진다면 당장 오늘 나의 말을 챙겨보아야 할 것이다. 나는 긍정적인 말버릇을 가진 사람인가? 부정적인 말버릇을 가진 사람인가?

할 말이 많은 삶을 살자

"우리가 인생에서 중요한 질문 한 가지를 마음속에 품고 살아가면 언젠가 그 질문의 답 속에 살고 있는 우리 스스로와 만나게 될 것이다."

독일 시인 릴케가 한 말이다. 그의 말대로 사람들은 저마다 자신의 인생에 중요한 질문 한 가지를 가지고 있다. 성공? 신념? 종교? 다양한 가치 중에서 자신이 추구하는 것은 무엇인가? 이에 대한 물음을 던지고 답을 구해보자. 자신이 구한 그 답이 말하기의 기본적인 메시지가 될 것이다.

말은 평소의 자신이 생각하는 가치가 소리로 나오는 것이라 할 수 있다. 그렇다면 무엇보다 자신이 어떤 가치를 가졌는지를 알고 있어야 한다. 내면에 담겨 있는 가치가 내는 소리를 듣지 않고서는 자신의 온전한 말하기는 어려울 수밖에 없다.

가까운 곳의 목소리를 듣자

우리는 평소 누구의 말을 가장 많이 들을까? 바로 옆에 있는 사람, 즉 가족과 친구들이다. 가족과 친구 혹은 이웃의 말을 가장 많이 듣고 또 그러다 보니 일상에도 영향을 받는다. 기업의 사장이라면 가장 가까이에 있는 직원들의 말에 귀를 기울일 줄 알아야 한다. 그렇게 가장 가까운 곳의 목소리를 들을 수 있어야 한다. 그런데 나와 가장 가까운 존재는 누구일까? 가족이나 친구 혹은 배우자? 그보다 더욱더 가까운 목소리가 있다. 그것은 바로 자신의 가치로부터 나오는 내면의 소리이다.

자신을 객관적으로 바라본다는 것은 참으로 어렵다. 거울 속 자신의 눈동자를 정면으로 응시하기가 쉽지 않다. 왜 그럴까? 사실 아무리 피붙이 가족이 하는 말이라도 듣기 싫은 말에는 귀를 닫고 만다. 좋은 가르침이라도 어렵게 느껴지거나 복잡하면 건너뛰듯이 귀에 듣기 좋은 말이 아니면 흘려버리고 만다. 그런데 나의 깊은 곳에서 나오는 나의 솔직한 목소리라니? 두려워지기까지 한다.

사람들은 경청을 중요하게 생각한다. 자신의 말을 줄이고 목소리를 낮춰 타인의 말에 귀를 기울이라는 것이다. 내 주장만 내세우고 듣기 싫은 말은 잘라버리는 오만한 태도는 소통을 가로막기 때문이다. 그리고 남의 이야기를 귀담아듣지 않고 자신의 목소리를 지나치게 내는 사람은 자신의 내면과 가치에 대해서도 귀를 닫고 있다. 내가 원하는 바를 이루겠다는 욕심만이 앞설 뿐 소통의 목적과 관계의 형성에 대해서는 무관심하다.

말을 한다는 것, 즉 말을 주고받는 것은 소통이자 상대방을 인정하는 행위이다. 그런데 내 것만 우기면, 자신의 내면에서 나오는 소리조차 귀를 기울일 수가 없게 된다. 말싸움에 이겨야 한다는 목적만 생각하고 언성을 높이며 자기주장만 내세우게 된다는 이야기이다.

그런데 남의 말에 귀를 너무 열어두는 사람도 문제라 할 수 있다. 주변 사람들의 말에 휘둘려 자신의 목소리를 내지 못하기 때문이다. 인지 정서 행동치료 분야의 전문가인 폴 호크가 쓴 『왜 나는 계속 남과 비교하는 걸까』라는 책을 보면, 자신이 원하는 것을 찾지 못하는 사람들은 인생의 주도권을 가지지 못하고 늘 눈치를 보며 산다고 한다. 자신의 욕구를 존중할 줄 몰라서 매번 다른 사람의 지시나 말을 따를 뿐이다.

링컨은 사람들을 설득하기 위해 자신이 말하고자 하는 것이 무엇인지와 자신에 대해 생각하는 것에 시간의 3분의 1을 보낸다고 했다. 그리고 상대가 무엇을 말할지 생각하는 것에 나머지 3분의 2의 시간을 보냈다. 나 혼자만의 주장만 내세우는 것도 아니고 상대방을 지나치게 의식하지 않는 것이다. 물론 링컨이 한 말을 보면 경청에 더 방점이 있는 듯하다. 하지만 자신이 말하고자 하는 목적, 내면, 가치 등을 다시 한 번 되짚어본다는 면에서 중요하게 생각할 만한 내용이다.

내면에 담긴 가치에 귀를 기울일 줄 아는 사람은 말하는 것에 대한 절제를 깨달은 사람이다. 내가 추구하는 바가 무엇이라는 것을 명확히 알기 때문에 책임을 질 수 있는 말과 그렇지 못한 말을 구분한다. 즉 메시지를 가릴 줄 안다는 것이다. 또 한결같이 자신이 가진 가치에 따라 말을 한다. 종교적 신념을 강하게 가진 사람은 그 신념에 따라 말을 하고 행동을 한다. 또 환경과 평화에 대한 가치를 가진 사람도 마찬가지다.

감정에 휘둘리지는 말자

책을 읽고 감명을 받으면 그 내용을 곱씹게 된다. 책의 저자가 어떤 의도를 가지고 나에게 말을 걸고 있는지 곰곰이 생각한다. 나는 주로 『성경』을 통해 많은 생각을 하는 편이다. 『성경』에 나오는 이야기들은 신의 섭리가 담겨 있다고 생각하기 때문에 그 섭리에 따라 말하고 행동하려고 노력한다.

사람들도 누구나 다 자신의 가치관에 따라 언행을 한다. 군이 종교적인 것이 아니라도 자연의 섭리에 따른다거나 혹은 특정한 가치관에 따른 섭리일 수 있다. 이러한 섭리는 말하기에 상당한 영향을 끼친다. 자신의 존재 가치와 말하고자 하는 메시지의 전제가 되기 때문이다. 가치관에 따른 말하기는 합리적인 메시지로 말하는 것이라고도 할 수 있다. 간혹 감정에 휘둘려서 말할 때가 있다. 방금 억울한 일을 당한 사람이 냉철하게 자신이 어떻게 말을 할지, 무엇을 말할지 미리 정리해본다는 게 쉽지 않다. 그러나 감정에 휩쓸려 하는 말은 결국 자신에게 부메랑으로 되돌아올 수 있다.

미국의 디즈니는 애니메이션의 대명사이다. 그러나 1980년대 들어서며 애니메이션 왕국의 영광이 퇴색되기 시작했다. 그때 디즈니는 파라마운트 영화사에 있는 마이클 아이스너와 제프리 카젠버그를 각각 회장과 프로덕션 사장으로 영입하여 과거의 영광을 되찾으려고 했다. 그리고 이 두 사람의 영입 이후로 「인어공주」「미녀와 야수」「라이언 킹」등 전 세계에서 흥행 돌풍을 일으키는 작품을 연달아 출시했다.

이렇게 승승장구하던 디즈니였지만, 아이스너 회장은 제작 총괄을 맡은 카젠버그를 한순간에 해고시켜 버리는 사건이 벌어졌다. 당시 디즈니 총괄 사장이 헬리콥터 사고로 사망하는 바람에 공석이 생겼는데 그 문제와 관련해 서로 의견이 맞지 않았던 것이다. 카젠버그는 소송을 제기했다. 아이스너 회장은 소송 취하 조건으로 1억 달러를 주겠다고 했지만 거절당했다. 이미 두 사람은 해고 사건이 벌어지기 전부터 사이가 매우 안 좋았던 모양이다. 카젠버그가 제작 총괄을 맡아 연이어 성공작을 만들어내는 동안 알게 모르게 두 사람 사이에 견제와 대립이 일어났던 것이다. 아이스너 회장이 무리하게 카젠버그를 해고를 해버렸고 결국 소송은 재판 직전에 무려 3억 달러에 가까운 비용을 주는 것으로 마무리됐다.

두 사람 사이에서 어떤 말이 오고 갔는지는 몰라도 지극히 감정적인 언사를 사용했으리라고 충분히 짐작된다. 기업의 수장이라면 수장이 가져야 할 합리적인 메시지의 전달 방식이 있을 것이다. 적어도 노골적인 적대감을 드러내며 회사에 막대한 손해를 끼치는 커뮤니케이션은 피했어야 했다. 그러나 독선적인 아이스너 회장은 자신의 감정대로 했을 뿐이다.

합리적인 메시지를 가지고 말하기는 중요하고 높은 자리에 있는 사람일수록 더욱 절실하다. 또한 아무리 옳은 말이라 하더라도 거친 언사나 불합리한 어법으로 말하면 말 그대로 "말은 맞는데 참 싸가지가 없네!"라는 소리밖에 듣지 못하는 것이다. 전달하려는 내용만큼 그 과정도 중요하다는 얘기다.

스피치 설계도를 그려보자

나는 한때 고민거리 때문에 힘들어한 적이 있다. 그런 과정을 반복하다가 고민 상황을 차분하게 정리하기로 마음먹었다. 할 일이 무엇인지가 중요한 게 아니라 그 일을 왜 해야 하는지 다시 한 번 되짚어봤다.

'나의 걱정 목록'은 무엇인가

나는 '나의 걱정 목록'이라고 제목을 쓴 뒤에 하나씩 적어 내려갔다. 걱정거리를 생각하며 도대체 무엇 때문에 걱정하는지를 정리한 것이다. 그러자 내가 원하는 바람이 너무나 추상적이라는 것을 발견했다. 막연하게 어떻게 됐으면 좋겠다는 내용이 많았다.

걱정 목록을 적으면서 막연하고 추상적인 것을 걷어내고 대상에 따라 정리를 했다. 아이에게 필요한 것, 남편에게 바라는 것, 내가 바라는 것, 가족과 친구들에 관한 것 등 대상과 사안에 따라 분류를 하니 꽤 구체적인 내용으로 채워졌고 분량도 상당했다.

종이 앞뒤로 빽빽하게 기록된 내용을 보니 그제야 별것 아닌 것을 가지고 걱정만 하고 있었다는 것을 깨달았다. 당장 해결할 수 있는 게 한둘이 아니었다. 반면에 어떤 내용은 지금 당장 하려 해도 할 수 없는 먼 미래의 일이었다. 아무리 걱정해도 당장 해결할 수 없는 것을 가지고 전전긍긍하고 있었던 셈이다.

나는 빨간 볼펜으로 지금까지 적은 걱정거리와 그 이유를 정리하기 시작했다. 가장 먼저 '나의 걱정 목록'이라는 제목부터 박박 그었다. 그리고 '나의 소망 리스트'로 제목을 고쳤다. 그리고 그 종이를 접어서 봉투에 넣었다. 그동안 당장 해결할 수 없는 걱정거리까지 잔뜩 적어놓으며 끙끙 앓았던 것을 더 이상 하지 않겠다는 나만의 의식을 치른 것이다.

설계도를 만들면 일목요연해진다

말을 할 때도 막연한 화법을 쓰는 사람들이 있다. 알 듯 모를 듯 모호한 표현과 주제를 가지고 말한다. 예컨대 사업계획 이야기를 하면서 "대박이 날 거야!" "요즘 트렌드야!" 등 들으나 마나 한 말하기로 일관한다. 정확한 정보, 분석, 핵심 등은 빠져 있는 것이다. 사업은 누구나 다 대박을 기대하고 트렌드에 맞는 것을 원한다. 그렇다면 왜 이 사업을 해야 하는지 정확하게 이야기해야 설득할 수 있지 않은가. 말에도 당장 전달해야 하는 메시지가 있고 그렇지 않은 메시지가 있다. 효율적으로 메시지를 전달하려면 때와 상황에 맞느냐를 먼저 따져봐야 한다. 그런데 지금 바로 모든 것을 전달하려 하니 괜히 말만 지나치게 많고 전혀 도움이 되지 않는다.

말하는 것도 온갖 것을 다 전달하겠다고 하는 것은 지나친 욕심이다. 말하기에서 필요한 것은 과유불급이다. 너무 많아도 문제고 또 모자라도 문제이다. 당장 말할 필요가 없는 것까지 쏟아내는 것은 핵심 메시지가 파묻혀버리는 꼴을 자초하는 셈이다. 듣기 좋은 말도 지나치면 자칫 조롱으로 들릴 수도 있다. 또 지나친 자기과시는 상대방에게 거부감이 들게 하거나 테스트의 필요성을 일깨워서 스스로 곤란한 상황에 부닥칠 수 있도록 한다.

나는 취업 면접이나 경쟁 면접을 할 때 과유불급의 말하기를 자주 본다. 면접 당사자는 자신이 가진 것을 모두 보여줘야 한다는 강박관념에 사로잡혀 쓸데없는 말까지 하는 경우가 많다. 자신이 아는 것을 뽐내려고 온갖 지식과 전문가 이름을 들먹인다. 면접관은 면접자의 이런 말 잔치가 빈 수레의 요란한 소음인지가 궁금해질 뿐이다. 그래서 굳이 하지 않아도 되는 말을 늘어놓는 바람에 받지 않아도 될 테스트를 치르는 곤욕을 겪기도 한다.

말할 때는 자신만의 설계도를 가지고 있어야 한다. 즉 내가 걱정거리를 늘어놓는 것처럼 하는 게 아니라 무엇을 말하려는지, 그 이유가 무엇인지를 명확하게 구분하여 미리 정리해둔다. 물론 기승전결이 필요 없는 경우도 있다. 처칠은 옥스퍼드대에서 연설할 때 "포기하지 마라! 절대로 포기하지 마라! 절대로 절대로 포기하지 마라Don't give up! Never give up! Don't you ever and ever give up!"란 짧은 말만 하고 내려왔다. 그 짧은 말만으로도 청중에게 감동을 줬다. 그건 처칠이 그런 불굴의 정신으로 제2차 세계대전을 연합군의 승리로 이끌었다는 것을 다 알고 있었기 때문이다. 자신의 삶 전체의 무게를 그 짧은 말에 담았던 것이다. 그래서 청중은 그 말 한마디가 무엇을 뜻하는지 알아듣고 박수를 보냈다.

하지만 안타깝게도 우리는 처칠이 아니다. 처칠처럼 유명하지도 않고 처칠만큼 영웅적인 일들을 한 것도 아니다. 그러니 처칠처럼 간결하게만 하면서 감동을 줄 수는 없다. 청중 역시나 거두절미하고 한 말에서 의미를 찾기가 어려울 것이다. 그래서 미리 말할 거리를 준비하고 기승전결에 맞춰 너무 지나치지도 않고 모자라지도 않게 말하기를 구성해야 한다.

'해결 가능 목록'으로 바꾸어보자

말하기 전에 세 번 생각하라는 격언이 있다. 내가 하는 말이 모두에게 도움이 되는지 생각하고 신중하게 말하라는 것이다. 말하기 전에 세 번 생각하는 것은 걱정거리를 정리하고 무엇을 말해야 할지를 고민할 때도 필요하다. 특히 자신에게 불리하거나 곤혹스러운 상황에서는 더욱 말을 정리하는 습관을 지녀야 한다. 당황한 상태에서 하는 말은 앞뒤가 안 맞을 뿐더러 자칫 자신의 불안감만 노출하는 최악의 경우가 될 수 있다. 걱정거리를 늘어놓기보다 '해결 가능 목록'으로 바꾸는 것은 전달할 메시지 중에서 불필요한 가지를 쳐내는 것과도 같다. 요즘 걱정이 많다고 해서 자신의 걱정만 늘어놓는 것은 불안을 드러내는 것은 물론이고 상대방도 함께 불안하게 만든다.

최근 들어 경기가 좋지 않고 불황이 계속되는 바람에 사람들이 넋두리를 할 때가 잦다. 이런 넋두리는 부정적이고 다소 장황한 말하기로 흐를 수 있어서 자제해야 한다. 그래서 즐겁지 않은 이야기를 할 때는 가급적 미리 말할 내용과 전달하고자 하는 중요한 메시지를 스스로 정리해보는 게 좋다. 마치 연설문을 가다듬듯 스피치의 내용을 노트에 써서 보면 잔가지가 보일 것이다. 그 가지를 쳐내고 줄기를 뚜렷하게 만들어 불필요한 걱정거리를 키우지 말고 문제를 해결하는 말하기가 되어야 한다.

비전과 가치를 쓰고 말해보자

쓰는 대로 이루어진다는 말이 사실일까? 헨리에트 앤 클라우저 박사는 『종이 위의 기적, 쓰면 이루어진다』는 책을 통해 그렇다고 말하고 있다. 자신의 희망과 소원을 종이에 적으면 실제 현실에서 이루어진다. 그녀는 이렇게 설명하고 있다.

"꿈이나 소원을 적는 행위는 우주에 신호를 보내는 것과 같다. 이것은 스스로와 세상을 향해 신호등의 초록 불처럼 앞으로 나아가라는 메시지를 전달하는 일종의 의식이다. 이때 우리는 에너지 파동이나 전파를 발산해서 필요한 사람이나 해결책을 자신에게로 끌어당기고 세상은 우리의 소원에 화답하기 위해 가동된다. 그리고 머지않아 당신은 당신이 바라는 대로 진짜 그렇게 된다."

쓰면 이루어진다는 말이 선뜻 이해할 수 없는 말로 들릴 수도 있다. 쓰는 것만으로 어떻게 소원이 이뤄지느냐고 고개를 갸웃거린다. 영화배우 짐 캐리는 가난한 무명시절에 연기를 계속할 것인가에 대해 큰 고민을 했다. 아무리 생각해도 자신은 유명배우가 될 수 없을 것 같았지만, 자신이 가장 잘하고 좋아하는 일은 연기밖에 없었던 것이다. 그는 자신의 수표책을 꺼내 거기에 1,000만 달러라 적었다. 그리고 그것을 소중히 접어 지갑에 넣어두었다. 나중에 그는 불과 5년 만에 1,000만 달러를 훨씬 뛰어넘는 출연료를 받게 됐다고 한다.

미국의 유명한 미식축구 코치인 루 홀츠는 젊었을 때 힘겨운 나날을 보내야만 했다. 일자리를 잃어버리고 방황하던 28세의 루 홀츠는 자신의 소원 120가지를 종이에 적었다. 그때만 해도 상상 속의 미래에 불과하고 실현 불가능한 것이라 여겼던 소원들이다. 그런데 40여 년이 지난 뒤에 그때의 소원을 확인해보니 무려 103가지가 이루어졌다고 한다.

자신의 꿈을 적고 또 말로 표현하는 것은 소위 비밀의 마법이라 부를 만큼 효과가 있다. 제2차 세계대전 때 나치로부터 유대인을 구해주려고 숨겨줬다가 들키는 바람에 수용소로 끌려갔던 네덜란드의 코리 템 붐도 "꿈을 이룰 때 말은 매우 중요하다. 말로 꿈에 대한 믿음을 선포해야 한다. 말에는 어마어마한 창조의 힘이 있다"고 했다.

그녀의 꿈 중에서도 유대인들의 목숨을 구하겠다는 것은 목숨을 내놓을 수도 있는 일이었다. 아마 매일 매 순간이 두려움의 연속이었을 것이다. 이 두려움을 이겨내기 위해서라도 그녀는 말로 자신의 꿈에 대한 믿음을 계속 읊조리며 마음을 다잡았던 것이다.

쓴 대로 이루어지고 말한 대로 된다

딸아이가 초등학교 3학년 때였다. 명색이 엄마는 아나운서요 아빠는 앵커 출신의 정치인인데 딸은 사람들 앞에서 말하는 것을 꺼렸다. 부모의 직업 특성상 많은 사람 앞에 나서서 말하고 인사하고 밝은 표정을 지어야 하는 것이 아이에겐 어쩌면 큰 부담이었으리라 나중에 와서야 깨달아졌다. 아니면 원래 타고난 수줍어하는 성격 탓일지도 모른다. 어쨌든 간에 말하는 것이 직업인 부모를 둔 아이가 말을 잘하지 않는다는 것은 왠지 나로서는 당혹스러울 수밖에 없는 상황이었다.

나는 아이가 어떻게 하면 말을 좀 잘할 수 있을지 고민했다. 내가 알고 있는 말하기의 기술을 훈련한다고 해서 당장 나아질 것이라고 장담할 수도 없었다. 무엇보다 아이 스스로 말하는 것을 잘하고 싶다는 마음이 있어야 할 것이다. 그런데 아이의 마음은 어떤지 도통 알 수 없었다. 아이의 말하기 때문에 속으로 끙끙 앓다가 마침 『종이 위의 기적, 쓰면 이루어진다』는 책을 읽었다. 나도 한 번 실천해 볼까 하는 호기심이 생겼다. 노트를 꺼내 들었다.

노트를 펼친 나는 소원을 적기 시작했다. 이때 모든 소망은 현재형으로 쓴다. 해와 달이 뜨고 지는 진리처럼 현재형으로 쓰는 것이다. 기왕 적는 소원이니 한껏 기대를 담은 소원을 썼다. 아이가 학교 영어 말하기 대회에서 1등을 한다고 말이다. 쓰고 보니 좀 더 목표를 높게 잡아보자는 생각이 들었다. 그래서 아예 전국 영어 말하기 대회에서 대상을 받는다고 적었다. 이것을 적을 때는 1등은커녕 아이가 대회에 나가 사람들 앞에 서는 것 자체를 꺼릴 수도 있었던 상황이다. 그후 오랜 시간이 지났다. 그로부터 5년여가 지난 후, 책장정리를 하다가 오래된 노트를 들춰보던 나는 '모골송연'이라는 말 그대로 머리카락이 곤추서는 것 같은 놀라움에 입을 다물지 못했다. 소원을 적은 지 2년이 지난 뒤 노트에 적힌 대로 모두 이루어졌기 때문이다.

무슨 마법이라도 부렸을까? 그것은 바로 쓴 대로 이루어지리라는 나의 믿음 때문이었다. 그 믿음은 소원, 즉 꿈과 목표를 잊지 않게 한다. 꿈과 목표를 잊지 않고 간직하고 있으니 자연스럽게 일상에서 그것이 이루어질 수 있는 노력을 기울이게 된다. 스스로 격려도 하고 멘토들의 조언도 듣고 좋은 책도 읽으며 꿈이 이루어지는 길을 향하여 끊임없는 노력을 해나가는 것이다. 학생들이 공부하면서 책상머리에 온갖 구호를 붙여놓고 직장에서도 자신의 비전을 일부러 적어 눈에 잘 보이는 곳에 붙여 놓는 것도 마찬가지다. 종이에 적는다는 것은 나의 바람이자 반드시 지켜야 하는 약속, 그리고 실현하려는 의지를 매 순간 되새긴다는 뜻이다.

직장인들의 일상과 부조리한 현실을 풍자한 만화『딜버트』의 작가 스콧 애덤스는 "목표를 기록으로 남기면 구체적인 결과가 다가온다."라고 했다. 그는 만화가가 되기 전에 공장에서 일하는 말단 직원이었다. 그는 공장에서 일하는 동안 하루에 열다섯 번씩 뭔가를 적었다고 한다. 그가 적은 것은 '나는 신문에 만화를 연재하는 유명한 만화가가 될 것이다'라는 자신의 소망이었다.

그는 자신이 적은 대로 되기 위하여 수많은 신문사에 만화를 보여줬다. 그러나 수백 번의 거절을 당할 만큼 꿈을 이루기가 쉽지 않았다. 번번이 거절당하던 그는 마침내 한 신문사와 연재 계약을 맺을 수 있었다. 그가 적은 대로 이루어진 것이다. 하지만 그는 종이에 쓰는 것을 멈추지 않았다. 그는 '세계 최고의 만화가가 되겠다'라는 문구를 썼다. 첫 번째 꿈을 이룰 때처럼 하루에 열다섯 번씩 종이에 다시 썼던 것이다. 그리고 그의 이름과 만화는 세계적인 명성을 얻게 됐다.

쓰는 대로 이루어지고 말하는 대로 가능해지니 말의 힘은 엄청나게 강력하다. 즉 쓴다는 것은 자신의 비전을 선포하는 행위로도 생각해야 한다. 내 입에서 나오는 말은 내가 앞으로 어떻게 살겠다는 의지의 표현이다. 이루고 싶은 꿈을 쓰고 말을 하고 다니는 이유를 스스로 분명히 깨달아야 한다. 말하기는 소통뿐 아니라 나의 비전을 채찍질하는 것이기도 하다.

미리 불러주기

소원 목록을 종이에 적는 것은 의지의 확인이자 약속이다. 적는 것도 하나의 의식처럼 느낄 수 있다. 적고 읽으면서 마치 기도하고 주문을 외우듯 하면서 스스로 목적의식을 분명히 하는 것이다. 이처럼 스스로 미리 자신이 이루고 싶은 것을 적고 불러주는 것은 매우 효과가 있다. 또 스스로가 아니라 누군가 나에 대해 혹은 내가 누군가에게 '미리 불러주기'를 하는 것도 상당한 동기부여가 된다.

KBS 아나운서 시절이었다. 밤 9시 뉴스와 함께 나는 오전 FM 클래식 음악 프로그램을 맡아서 하고 있었다. 그런데 나의 다음 프로그램을 진행하는 음악 평론가 김범수 선생님이 나를 부르는 호칭이 마땅치 않다면서 뭐라고 불러야 할지 나에게 물었다. 신 아나운서나 미스 신 등 모두 부르기가 썩 입에 붙지 않는다는 것이다. 그러더니 나를 '신 박사'라고 부르겠다고 하셨다.

처음엔 김 선생님의 제안이 당황스러웠다. 그때 나는 대학을 막 졸업하고 왔을 때여서 아직 석사 학위도 없는데 박사라니. 손사래를 젓는 내게 그분은 이렇게 말씀하셨다.

"박사, 그거 하시면 되잖아요."

그분의 말씀에 멋쩍은 웃음을 지었다. 그런데 그 말씀이 내 마음에 자리를 잡고 뿌리를 내리고 싹이 트기 시작했다. 그리고 그 말에 빚을 진 느낌이 들었다. '아, 어쩌나 이 말에 빚을 갚아야 하는데.' 아마 그 때부터 내 마음속에 공부를 계속해야겠다는 목표가 생겼던 게 아닌가 싶다. 나중에 한국외국어대 통역대학원에서 석사 학위를 받고 또 영국으로 유학을 가서 박사 학위까지 받았다. 진짜 박사가 된 것이다.

김 선생님은 나에게 '미리 불러주기'를 하신 것이다. 박사라는 호칭을 미리 불러주면서 진짜 박사가 되라고 했고, 나도 그 호칭이 현실로 이루어지게끔 공부를 열심히 한 것이다. 자신이 바라는 꿈이 있다면 그 꿈이 이루어질 것이라 굳게 믿고 노력을 해야 한다. 김 선생님처럼 미리 불러주는 것은 어쩌면 축복하는 것이기도 하다. 당신은 분명히 노력할 테니 미리 축하한다는 뜻이자, 희망을 품게 하는 것이니 말이다. 그 희망은 등대와도 같아서 캄캄한 바다를 지나더라도 그 불빛을 찾아 인생의 미래로 꿋꿋하세 항해를 할 수 있다.

내 주변에 있는 사람들이 어떤 비전과 희망을 품고 있는지 안다면 그 미래를 미리 불러주자. 지금은 마음에 들지 않는다고 해서 사고뭉치니 문제아니 하는 말은 나의 사전에서 지워버리는 것이다. 승진을 앞두고 있는 사람에게는 승진될 직급을 불러주고 시험에 합격을 간절히 원하는 사람은 합격한 호칭을 불러주는 것이다. 현재 내가 몸담은 직장에서 박사 학위를 위해 마지막 논문을 쓰고 있는 직원이 있다. 나는 그분을 '김 박사님'이라고 미리 불러주고 있다. 언젠가는 되실 것이니까. 이것은 나도 간절하게 당신의 미래를 기원한다는 표현이 된다. 그만큼 듣는 사람도 자신의 미래를 위해 좀 더 노력하고 정진할 것이다. 지금 은행 '지점장'인 분께는 '행장님'이라고, 지금 '교수'인 분께는 '총장님'이라고 부를 수도 있다.

그러나 이때 한 가지 조심할 것도 있다. 이는 친한 친구나 가족들끼리 불러주는 것이지 조직 안에서 일할 때는 삼갈 필요가 있다. 그 조직 안에서 크게 성장하라는 뜻으로 최고의 자리의 호칭을 부르는 것일 뿐인데 하극상으로 잘못 비친다면 크게 오해를 불러오는 난감한 상황이 올 수 있기 때문이다.

정직한 삶으로 말을 증명하자

정직하게 행동하고 말하는 것은 당연한 일이다. 그런데 요즘 세상에서는 정직한 것이 곧 바보인 것처럼 취급받기도 한다. 정직하게 살고 말을 하면 손해를 볼 수 있기 때문에 굳이 그럴 필요가 없다는 것이다. 워낙 속고 속이는 불신의 사회에서 살다 보니 이런 궤변이 마치 삶의 지혜인 것처럼 포장되고 말았다. 그러나 정직해야 진정한 성공을 거둘 수 있다.

정직한 자는 언젠가는 보상을 받는다.

한국 CCO 클럽에서 발간한 『한국경제를 만든 이 한마디』를 보면, 한국유리공업 최태섭 회장의 이야기가 나온다. 그는 한국전쟁 직전에 은행에서 대출을 받아 사업을 시작했다. 하지만 전쟁이 터져버려 부랴부랴 피난길에 나서야 했다. 그런데 피난길에 나서기 전에 은행부터 들렀다. 대출받은 돈을 갚아야 하는 날짜가 됐다는 것을 알고 돈부터 갚겠다고 은행에 간 것이다. 은행직원들은 전쟁이 터져 난리가 난 마당에 무슨 돈을 갚느냐고 하면서 난감한 표정을 지었다. 하기야 전쟁의 혼란 속에서 대부분 사람들이 돈을 갚지 않아도 된다는 생각하게 마련이다.

최 회장은 은행원의 말에도 아랑곳하지 않고 돈을 갖고 나서야 피난길에 올랐다. 그리고 휴전이 성립된 후에 그는 제주도에서 원양어업에 뛰어들었다. 사업자금 마련을 위해 은행에 가서 융자를 신청했다. 그런데 당시 은행들은 전쟁 뒤의 혼란 때문에 대출을 꺼렸다. 최회장은 발길을 돌려야 했다. 그런데 전쟁 때 대출금을 갚은 게 제대로 처리됐는지 궁금해져서 당시 영수증을 보여줬다고 한다. 그제야 은행은 그를 알아봤다. 이미 은행에서는 정직한 사업가라고 은행장을 비롯해 모든 직원이 알고 있었던 것이다. 은행장은 직원의 보고를 받고 직접 최 회장을 만났다. 필요한 금액이 얼마인지 묻지도 않고 아무런 담보도 없이 곧바로 대출해주겠다고 했다. 이처럼 정직한 자는 당장의 성공은 아니라도 언젠가는 보상을 받게 된다.

당장의 이익보다 가치를 추구하자

정직한 말과 행동을 하면 물질적인 이익을 얻지 못해도 마음의 평안을 얻을 수 있다. 우리 가족은 정치하는 남편의 지역구에서 오랫동안 살았다. 남들이 보는 곳에서나 그렇지 않은 곳에서도 올곧게 살기 위해 많은 노력을 기울였다. 혹시라도 오해받을 말과 행동은 아예 하지 않으려 애를 썼다. 크게 성공하거나 딱히 칭찬을 받으려고 한 행동만은 아니었다. 그런 것들을 신경 쓰며 언행을 하는 것이 아니라 자신의 삶에서 지켜야 할 원칙을 따라 살고 싶었기 때문이다.

한 번은 집을 사고팔아야 할 때가 있었다. 동네 복덕방에서는 계약서에 공시지가로 써넣으라고 권유했다. 다들 그렇게 작성한다면서 괜히 세금을 많이 낼 필요가 있겠느냐고 조언한 것이다. 그때만 해도 그런 것이 관행이었던 모양이다. 그러나 남편은 단호하게 실매매가로 분명하게 적어 달라고 했다. 얼마간의 재정적인 이득을 보겠다고 편법을 쓰는 것보다는, 정직하게 하고 마음 편히 다리 뻗고 자는 것이 옳은 것이라고 생각했기 때문이다.

요즘 다운계약서나 공시지가로 계약서 작성을 했다는 이유로 청문회에서 낙마하는 사람들을 보면서 씁쓸한 마음이 들었다. 물론 남편이 먼 훗날을 예측하고 그랬던 것은 아니다. 단지 정직하게 살자는 자신의 원칙을 지켰을 뿐이다. 남편은 그렇게 해야 그저 두 다리 뻗고 잠을 편히 잘 수 있다는 소박한 이유를 댄 것이 전부였다.

미국의 트루먼 대통령은 미국 정치계의 주류 출신이 아니다. 미주리 주 출신인 그는 물려받을 재산도 별로 없었고, 또 사업도 실패하고 해서 경제적인 문제가 늘 발목을 잡았다. 그가 정치를 시작할 때는 어쩔 수 없이 누군가의 후원을 받아야 했다. 그런데 그 후원자가 하필이면 부정부패로 소문난 거물이었다고 한다. 그 사실을 알게 된 트루먼은 그 거물의 후원을 단호히 거절했다.

그 거물은 나중에 부정부패로 수사를 받게 됐는데, 그와 연관이 있는 대부분의 사람들이 비리 사슬에 얽혀 있어 처벌을 받았다. 하지만 트루먼은 예외였다. 아예 수사 대상에서 제외될 정도로 청렴했다고 한다. 오직 자신의 일만 했을 뿐이었다. 그의 이런 정직한 삶은 비주류였던 그가 루즈벨트 대통령의 러닝메이트로, 또 나중에 루스벨트 대통령이 사망한 후에 대통력직을 승계받는 것으로 이어졌다.

정직한 것을 추구하는 사람은 당장 눈앞의 손익을 따지기보다 자신을 비롯한 주변 사람들의 평온한 삶을 더 중요하게 여긴다. 이런 가치를 소중히 여기는 사람과의 소통은 신뢰와 안정감을 가져다준다. 지금 당장 조금 손해를 보는 것은 괜찮다. 자신의 삶과 소통의 메시지가 사람들로부터 믿음을 줄 수 있고 설득의 효과를 얻을 수 있다면 그야말로 가장 큰 선물이지 않겠는가.

화가 날 땐 잠시 말을 멈추자

　어릴 적에 읽었던 루이자 메이 올콧의 『작은 아씨들』에서 네 자매를 기르는 어머니의 지혜에 깊은 감명을 받은 적이 있다. 소설의 배경은 미국의 남북전쟁이다. 전쟁의 소용돌이 가운데 군인인 아버지는 전쟁터에 나가고 어머니 혼자서 네 자매를 기르며 살고 있다. 집안에 가장이 없으니 경제적인 형편도 빠듯하고 아이들을 기르는 것이 만만치가 않다. 그러나 온화하고 자애로운 성품의 어머니는 늘 아이들에게 따뜻한 미소로 대한다. 그래서 딸들은 어느 날 어머니에게 이렇게 묻는다.

　"어머니가 무섭게 화를 내시는 것을 한 번도 본 적이 없어요."

　어머니는 딸들의 말에 미소를 지으면서 이렇게 말했다.

　"마음속의 화를 겉으로 드러내지 않는 데 걸린 시간이 40년이었단다. 그리고 아예 화가 나지 않는 상태가 되려면 앞으로도 40년이 더 걸릴지도 모르겠구나."

　그녀도 타고날 때부터 화를 내지 않는 사람은 아니었던 것이다. 긴 세월 동안 화를 다스리려고 노력했고 또 자신이 화가 났다고 해서 딸들을 비롯해 주위 사람들에게 화풀이하지 않으려 애를 썼던 것이다.

타고난 성품이 어떻든 간에 성장하고 사람들과 관계를 맺으면서 서로가 지켜야 할 소통의 기본자세가 있다. 내가 좀 급한 성격이라고 해서 늘 사람들을 대할 때마다 성질을 부릴 수는 없는 노릇이다. 그 누구라도 갈등이 더 커지는 소통을 원하지 않는다.

화가 나는 일은 일상에서도 자주 일어난다. 하물며 뭔가 목적을 위한 소통, 즉 협상이나 중재를 할 때는 어떻겠는가. 워낙 의견이 대립되는 바람에 분노를 참지 못할 때가 불쑥불쑥 찾아온다. 그때마다 화를 터뜨리면 마치 폭탄을 품에 안고 함께 불 섶에 뛰어들자는 것밖에 되지 않는다.

분노와 화는 갈등 발생의 뇌관이다. 이 뇌관을 제거하는 가장 좋은 방법은 화가 나기 직전에 잠시 '멈춤'을 해보는 것이다. 더 나아가 행동뿐만 아니라 소리도 멈추면서 침묵으로 잠시 스스로를 '리셋reset' 해보는 것이다. 찰나의 순간일지도 모르지만 리셋 버튼을 꾹 누르고 나면 상대가 달리 보일 수도 있다. 나의 화를 가라앉히고 나니 상대의 감점이 조금이나마 이해할 여지가 생기기 때문이다.

화를 내기 전에 리셋을 한 뒤에 상대의 감정을 이해한다는 것은 감정이입을 뜻한다. 저 사람이 왜 저런 행동과 말을 하는지, 무엇을 원하는지 상대의 입장에서 생각해보는 것이다. 그러고 나면 화가 나서 "넌 도대체 왜 그래!"라고 윽박지르지 않고 "이럴 땐 어떻게 하면 좋을까?" "무엇을 도와줄까?"라는 말이 나올 것이다.

화부터 내고 거친 언사를 사용하는 사람이 있을 수 있다. 이때에도 멈춤의 리셋과 감정이입은 훌륭한 대응이 된다. 상대가 어이없는 말과 행동을 하지만, 그것에 대해 화를 내기 전에 초연하게 한 번 생각해

보는 것이다. '저 사람은 왜 화를 낼까?' 마구 화를 내는 사람의 말을 찬찬히 곱씹어보자. 그러면 상대가 무엇 때문에 화가 났는지를 알 수 있다. 납득이 되지 않는 이유 때문에 화가 났더라도 여하튼 그 이유는 알게 된다. 그렇다면 이제 내가 할 말은 "그걸 왜 나한테 그러냐?"라거나 "그딴 이유가 말이 돼!"라고 반박부터 하는 것이 아니다. 네가 화가 난 이유를 알겠다는 말을 먼저 한다. 벌컥 화를 낸 상대는 일단 알겠다는 반응 앞에서 한풀 꺾이게 되고 대립보다 대화를 기대하는 심리가 생기게 마련이다.

우리나라 사람들은 화를 내는 것과 관련하여 극단적인 반응을 보인다. 평소에는 얌전하다가 운전대만 잡으면 온갖 분노와 욕설을 참지 못하는 사람이 있다. 목소리가 크면 만사 오케이라는 근거 없는 이야기를 마치 처세술이자 지혜인 것처럼 말한다. 반면에 무조건 참는 것도 문제다. '화병'이라는 용어가 이제는 미국 정신 의학회에 정식으로 등재될 정도로 화가 난 상황을 해소하지 못하고 가슴에 묻어두는 바람에 병까지 나는 나라가 우리나라이다.

지나치게 화를 내는 것과 무작정 참는 화병의 간극은 크다. 하지만 양 극단의 공통점은 소통의 부재라는 것이다. 자신이 화가 났다는 것만 내세우며 다른 사람의 말은 듣지도 않고 내 속을 끓이는 화를 어떤 방식으로도 표출하지 못하고 마음의 문을 닫아버린다. 즉 분노의 폭발이나 화병은 소통이 원인이자 해결책인 것이다.

성인군자가 아니라면 일상에서 화가 나는 순간은 거의 매일 일어난다. 출근하는 길에 만원 지하철과 버스에 시달리며 느꼈을 짜증, 직장이나 학교에서 겪어야 하는 스트레스, 집에 돌아와 보고 있으면 언짢아지는 가족들의 모습 등 종일 화를 내야 하는 상황과 대면하고 있어야 한다. 그때마다 감정을 폭발시키고 화를 분출하거나 꾹꾹 눌러 담으면 어떻게 될까. 아마도 모두가 심리상담 치료를 받아야 하지 않을까.

화를 다스리는 것은 소통을 조절한다는 뜻으로 볼 수 있다. 화를 참는 순간은 악화된 부정적인 상황을 긍정적으로 바꾸는 순간이기도 하다. 나는 더 이상 화를 내지 않겠다는 의사를 드러낸 것이다. 또 그 의사에 따라 상대도 웬만하면 긍정적인 상황을 기대하며 소통을 하려 한다.

생각의 파트너를 떠올려라

저녁 식사를 겸한 행사에 참석한 적이 있었다. 테이블에 음식이 차례대로 나오던 중이었는데 스프가 나올 차례였다. 종업원들은 분주히 오가며 서빙을 하고 있었다. 먹는 속도가 느린 나는 아직 전채 요리를 다 먹지 못하고 있었다. 마침 내가 있던 테이블에 수프 쟁반을 들고 온 종업원이 멈췄는데 앞 코스의 접시가 그대로 놓여 있는 것을 보고 멈칫하더니 갑자기 내 앞에서 수프 보울을 바닥에 떨어뜨리고 말았다.

보울이 그대로 바닥에 떨어지면서 수프가 내 얼굴과 옷으로 퍽 튀었다. 게다가 눈 쪽으로 튀는 바람에 마스카라를 한 속눈썹에 그만 국물이 엉겨 붙어버렸다. 잠시 후에 무대 위에 올라가 시상을 해야 하는데 몰골이 엉망이 되고 만 것이다. 종업원을 비롯한 주위에서도 당황스러워하며 나를 둘러쌌다.

"눈은 괜찮으세요? 옷도 다 버리고 말았네. 이건 소송감이에요."

나는 같은 테이블에 앉았던 사람들이 하는 말을 듣고만 있었다. 일단 얼굴을 천천히 닦아내며 호흡을 하며 마음을 진정시켰다. 그런데 잠시 얼굴을 닦으면서 조용히 있는 동안 내가 화를 낸다고 당장 이 상황이 없던 일이 되는 게 아니라는 생각이 들었다.

나는 겨우 눈을 뜨고 나서 주위를 둘러봤다. 종업원은 마치 죄인인 양 고개도 못 들고 있었다. 내가 종업원의 어깨에 손을 얹자 움찔했다. 그러나 나는 조용하게 '괜찮다'고 말했다. 걱정하지 말라고 말하는 사이 지배인이 안약, 냅킨, 명함 등을 들고 찾아왔다. 연신 고개를 숙이면서 사과를 하고 혹시라도 눈이나 옷에 무슨 문제가 생기면 꼭 연락을 달라고 했다. 나는 알았다고 하면서 한 가지 당부를 덧붙였다.

"그 여직원에게 너무 야단치지 마세요."

졸지에 봉변을 당해서 화가 났던 것은 사실이다. 그러나 순간을 참고 넘기니 그다지 견디지 못할 상황은 아니었던 것이다. 그렇다고 해서 화가 난 것을 꾹꾹 눌렀던 것도 아니다. 그저 속으로 누군가를 떠올리면서 "네, 오늘 제가 이렇게 봉변을 당했네요. 그래도 화를 내서는 안 되겠죠?"라고 말을 걸었을 뿐이다.

화를 다스리는 상황이 생겼을 때 화를 벌컥 내지 말고 자신만의 '생각의 파트너'에게 털어놓는 것은 참 좋은 방법이다. 종교적인 대상이나 혹은 내면과 대화하는 방식으로 화를 털어버려야 한다. 이런 방법은 자연스레 긍정적인 자기 대화를 이끌어낸다. 자기 대화는 스스로에게 마음속으로 말을 거는 혼잣말이다.

올림픽 동메달리스트였던 다나카 우루베 미야코는 화려한 선수생활을 지냈다. 하지만 은퇴한 뒤에는 이런저런 스트레스로 힘든 나날을 보냈다. 그는 자신의 고충을 해결하는 과정에서 심리학을 공부하고 멘탈 전문 트레이너가 됐다. 그리고 자신의 저서인 『마음 클렌징』을 통해 스트레스를 받을 때마다 각자의 성격 유형에 따라 자기 대화를 하라고 권유한다.

자기 대화, 즉 자신과 말을 나누는 것도 생각의 파트너를 삼는 것과 다를 게 없다. 화가 나게 한 대상에게 감정을 고스란히 드러내며 얼굴을 붉히는 게 아니라 내면이나 혹은 롤 모델이나 종교적 대상 등을 설정하여 말을 나누다 보면 어느덧 감정의 변화가 온다. 말을 걸다 보면, 나도 모르게 화가 많이 사라진 것을 알 수 있게 된다.

남편이 오늘도 속을 긁는다고 해서 가슴만 내리칠 게 아니라 친정 어머니를 떠올리거나 자기 자신을 생각 파트너로 삼는다면 자기연민에 휘둘리지 않을 수 있다. 화가 났다고 해서 불같은 성미를 터뜨리며 온갖 독설을 내뱉는 것은 스스로에게 화살을 날리는 셈이다. 운동선수 중에서 간혹 시합하다가 상대방의 파울이나 자신이 원하는 대로 시합이 풀리지 않으면 괜히 욕설과 거친 행동을 하는 경우가 있다. 본인은 답답해서 그렇게 했다고 하지만 모든 비난의 화살은 자신에게 다시 돌아온다. 그래서 멘탈을 강하게 키워야 한다는 이야기가 나오는 것이다.

멘탈을 강하게 키운다는 것은 자기 대화를 통해 스스로를 위로할 줄 알고 안 좋은 상황이라도 밝은 쪽으로 바꾸어 생각하는 훈련을 말한다. '괜찮다, 한편 이렇게 생각할 수도 있지……' 하며 잠깐의 시간 동안 스스로에게 말을 걸며 다독이는 것이다. 아무리 세상이 종말에 이른 것과 같은 재앙도 시간이 지나면 사라진다. 재앙이 사라질 미래를 생각하지 못하고 우왕좌왕하는 것은 인간의 당연한 본능이다. 그러나 그 본능을 억누르고 차분하게 대처하는 사람은 살아남는다. 화가 치밀어 오를 때는 잠시 현장을 떠나거나 호흡을 가다듬으며 단 몇 분이라도 멈추고 자신과의 대화를 해보자.

거짓이 아닌 진실만을 말하자

　진실을 말한다는 것. 어쩌면 쉽게 생각할 수도 있다. 말하는 것쯤이야 무엇이 어렵겠는가. 그러나 진실을 말하기 위해 자신의 목숨마저 걸어야 할 때도 있다. 간신들의 말에 휘둘려 정사를 돌보지 않는 군주에게 진실을 아뢰는 충언을 한다는 것은 목을 내놓아야 할지도 모른다. 때로 손해를 볼 수도 있다. 내가 남의 차를 살짝 긁었는데 블랙박스도 목격자도 없다. 그러나 내 양심이 허락하지 않아 메모를 남기면서 죄송하다고 하는 것은 손해를 보는 것이라 여길 수도 있다.

　인간관계에서도 진실을 말하는 것은 많은 용기가 필요하다. 자칫 관계가 단절될 수도 있는데 굳이 진실을 말하는 것은 쉬운 일이 아니다. 사람들이 진실보다 거짓말을 하는 이유는 이런 불편함이나 불이익을 감당하기 싫다는 이유 때문이다. 오히려 거짓의 말로 이익을 얻고 좋은 자리로 갈 수 있으니 차츰 양심에 꺼릴 것도 없어진다. 진실은 저 너머로 묻히고, 오로지 이익만을 추구하는 거짓말이 판을 친다.

　'권불십년 화무십일홍權不十年 花無十一紅'이라는 말처럼 세상에 영원한 권력과 부귀영화는 없다. 그럼에도 사람들은 당장의 이익에 눈이 어두워져 꽃이 영원히 필 것이라 착각한다. 그러니 온갖 아부와 아첨과

부조리와 부패가 진실과 정직을 뒤덮어버리고 있다. 그러나 꽃은 지는 법이다. 거짓말로 신뢰를 잃고 한때 화려했던 생활은 속고 속이는 거짓의 굴레로 망가질 수밖에 없다.

껄끄러워도 진실을 말해야 할 때가 있다. 그때 관계의 단절이 두려워 입을 다물어버리면 더 큰 문제가 일어나기도 한다. 따라서 진실을 말해야 하는데 상대방이 그것을 폭력이나 상처로 받아들이지 않게 하려면 사랑의 감정으로 적절한 표현을 할 수 있어야 하고 시의적절한 타이밍도 중요하다.

사랑으로 진실을 말하자

진실을 말할 때는 세 가지를 주의해야 한다. 첫째는 사랑으로 진실을 말해야 한다. 둘째는 똑같은 말이라도 표현을 가릴 줄 아는 지혜가 필요하다. 셋째는 진실을 말할 타이밍을 잘 포착하는 것이다.

먼저 사랑으로 상대를 대한다는 것은 상대가 거짓을 말하더라도 대체 왜 그런 말과 행동을 하는지 헤아리는 마음으로 보아야 가능하다. 사람은 간혹 자신의 잘못이나 실수가 드러나는 게 부끄러워 거짓말을 했다가 눈덩이처럼 불어나는 거짓말에 스스로 파묻혀 헤어나지 못할 수도 있다. 그렇기 때문에 그 심정을 헤아리고 도닥거릴 수 있는 사랑의 마음으로 바라보고 잘못을 지적하는 것이다. 잘못한 사람을 사랑으로 대하는 게 귀찮다거나 괜히 시비에 휩쓸리기 싫다는 이유로 침묵을 지키는 것은 더욱 좋지 못하다. 침묵은 암묵적 동조이자 문제를 악화시키는 요인으로 작용할 수도 있으니 말이다.

그다음으로 사랑으로 진실을 말하는 것은 표현에서 알 수 있다. 정녕 사랑하는 마음이라면 날 선 느낌의 단어와 추궁의 말을 굳이 쓰지 않을 것이다. 이런저런 상처로 갈피를 잡지 못하고 방황하며 주변 사람들에게 피해를 주는 친구에게 우정의 조언을 한다는 것이 날 선 칼을 휘두르는 꼴이 되면 어떻겠는가. 그 친구에게 당장 필요한 것은 질책과 냉정한 조언보다 위로와 공감이다. 이런 친구에게 냉정하고 조리 있는 분석이나 어쭙잖은 언변은 상황을 되레 악화시킨다.

상대에게 진실을 말하는 것은 그 진실의 가치가 매우 중요하더라도 상대의 심리적 상태와 상황을 살핀 뒤에 말의 수위와 표현을 고민할 수 있어야 한다. 진실을 말하는 표현에서 세련된 말솜씨는 중요하지 않다. 노자는 "진실이 있는 말은 결코 아름답게 장식하지 않고, 화려하게 장식한 말은 진실이 없는 법이다."라고 했다. 진실을 말해야 하는 상대에게 필요한 표현은 그 사람의 마음을 살펴보는 것이면 충분하다.

마지막으로 타이밍은 진실을 말하는 효과의 극대화를 위해 반드시 고려해야 하는 것이다. 내 말을 들어줄 여유가 없거나 너무 터무니없는 거짓말에 잔뜩 현혹된 상태에서는 진실조차 거짓으로 둔갑되어 그 가치가 훼손되고 만다. 진실을 말하더라도 상대가 그것을 들을 수 있는 순간을 기다릴 줄도 알아야 한다.

사랑으로 진실을 말하는 것은 서로의 내면적인 가치를 찾는다는 뜻으로도 이해할 수 있다. 영화 「언터처블 : 1%의 우정」은 상위 1%의 부자 귀족 남자와 하위 1%의 흑인 청년의 우정을 보여준다. 실화를 바탕으로 한 이 영화에서 두 사람은 그들의 사회적 지위나 환경은 걸림돌이 되지 못한다. 부자이지만 장애인인 귀족 남자 필립, 가난하지만 낙천적이고 건강한 청년 드리스는 서로의 진실된 모습만을 찾는다. 그렇기 때문에 돈 많은 부자 앞에서 특별히 주눅이 들거나 가난하다고 무시하지 않고 서로의 내면에 필요한 조언을 건넬 수가 있었다. 그들은 서로를 진실로 바라보기 때문에 농담과 조언을 오가며 편안한 관계가 되어 우정을 쌓을 수 있었다.

리더십 전문가인 최익용 박사는 『리더십이란 무엇인가』라는 책에서 "말은 진실된 진리의 말이어야 한다. 진실의 말은 상대를 공감과 감동을 주면서 리더십을 불러들이지만 위선이나 달콤한 거짓말은 결국 분열과 신뢰를 잃어 리더십을 저하시킨다"고 했다. 그는 공자의 '교언난덕巧言亂德', 즉 달콤하고 약삭빠른 말은 덕에 혼란을 불러온다는 것을 인용하면서 거짓된 말을 경계하고 있다.

거짓된 말이 리더십만 저하시키겠는가. 진실을 말하지 못하고 거짓으로 일관하면 개인과 개인의 관계는 무너지고 공동체는 붕괴된다. 그러니 진실을 말한다는 것은 사랑의 소통이라 할 수 있다. 단, 사랑의 소통이기 때문에 그때 사용되는 언어는 반드시 사랑의 언어여야 한다는 것이다.

친절함에 감춰진 차가운 관계

한 통신회사의 고객센터 직원에게 고객문의 전화가 걸려 왔다. 그런데 어떤 할머니로부터 잘못 걸려온 전화였다. 이 통화 내용이 SNS에 올려졌고 많은 사람이 엉뚱한 대답을 하는 할머니 때문에 배꼽을 잡았다.

할머니가 계속 말귀를 못 알아듣자 고객센터 직원은 3분 가까이 똑같은 말을 반복했다. 그럼에도 할머니는 동문서답을 했고 직원은 참을성 있게 잘 응대했다. 이 에피소드를 전해 들은 사람들은 모두 고객센터의 직원을 칭찬했다. 수십, 수백 통의 전화를 받는 감정노동자인 고객센터 직원들의 고충이 클 텐데 할머니의 엉뚱한 통화에도 짜증을 내지 않고 응대를 했으니 박수받을 만한 일을 한 것이라고 말이다.

나 역시 이 에피소드를 듣고 처음엔 마구 웃었다. 그런데 뭔가 이상했다. 고객센터 직원은 왜 똑같은 말로만 응대하기를 반복했을까? 이 에피소드가 실제 상황이라면 SNS에 올라 있는 통화내용이 전혀 공감되지 않았다. 감정노동자들의 고충은 충분히 이해가 간다. 그런데 귀도 잘 안 들리는 할머니에게 나도 쉽게 이해할 수 없는 전문 용어와 회사의 영어 이름을 반복하는 것이 어떻게 친절한 배려라 할 수 있는지 이해가 되지 않았다. 고령의 할머니에게는 통신 서비스의 용어나 영어로 된 회사 이름은 다른 나라의 말이나 다름없지 않은가?

나중에 알고 보니 직원이 응대했다는 말은 실제상황이 아니었다. 회사에서 직원들에게 인내심과 친절함을 가르치는 교육용 케이스 스터디였던 것이다. 과연 이런 경우를 친절한 응대라 말할 수 있을까? 말귀를 못 알아듣는 할머니를 인내하며 상담을 했다고 볼 수 있을까?

상담원들의 고충은 충분히 이해하지만, 이런 상황을 친절한 서비스의 대명사로 포장하는 것은 문제가 있다. 어쩌면 그 할머니는 통신회사로부터 모욕을 당한 것일 수도 있다. 실제로 이런 할머니의 전화를 받았다면 천천히 쉬운 말로 전화를 잘못 걸었다고 하면서 무엇을 도와드려야 하는지 여쭤 보았어야 한다.

친절한 미소라고 해서 반드시 모두 따뜻한 것이라 할 수 없다. 요즘 서비스 업종의 현장에 가면 누구나 다 웃는다. 친절하다. 생글거리는 미소는 얼핏 보면 기분이 좋다. 그러나 그 웃음이 가식적일 때도 있다. 마음은 지치고 고단하니 얼굴은 웃어도 따뜻하지 않게 느껴지는 것이다. 환하게 보일지언정 따뜻하게 느껴지지 않는다. 친절하게 말하는 것도 진정성이 없으면 그 관계는 차가운 관계일 수밖에 없다.

소통은 마음의 온도를 높인 후 가능한 것이다. 따뜻한 감성을 나누며 친밀한 관계를 만드는 것이 소통이다. 따뜻한 세상, 서로를 위한 소통은 진실을 말하면서 마음의 온도를 높여야 가능한 것이다.

진짜 잘 들어보자

말하는 것이 직업이자 전문 분야이어야 하는 아나운서가 된 지 어느덧 30년이 넘었다. 엄청난 경쟁을 뚫고 합격했던 그때를 되돌아보니 슬며시 웃음만 나온다. 그토록 바라던 아나운서가 됐으니 얼마나 좋았을까. 예전에 출간했던 책에서도 당시의 기쁨을 표현한 적이 있다. 많은 사람이 선망의 대상으로 삼는 아나운서가 됐다는 사실만으로도 마치 모든 것을 이룬 것인 양 기뻐했다. 그러나 본격적으로 아나운서가 되기 위한 연수를 받으면서는 사명감과 프로 의식을 가지려 노력했다.

지금은 아나운서를 지망하는 사람들을 위한 별도의 교육기관이 있을 만큼 사전에 준비를 많이 한다. 하지만 1980년대 초반만 해도 아나운서를 선발하는 기준은 순수하고 열정적인 인재가 전부였다. 일단 뽑고 나서 훈련을 시키는 시스템이었고 뽑은 후에 기초부터 차근차근 가르쳐서 기본이 튼튼한 아나운서를 만들겠다는 의도였다.

입사했지만 신출내기 아나운서는 선배 아나운서들의 방송을 보면서 나도 저렇게 또박또박 말을 잘했으면 좋겠다는 생각이 머릿속에 가득했다. 그리고 연수가 시작되자 당연히 선배들로부터 말 잘하는 기술을 배울 수 있다는 기대감으로 가득했다.

스피치의 제1원칙은 남의 말 잘 듣기

아나운서가 말을 잘해야 하는 것은 당연하다. 선배 아나운서가 나타나서 말을 잘하는 아나운서가 되는 제1수칙이라고 운을 떼자마자 속으로 발음이나 발성 등의 단어를 떠올렸다. 그런데 선배의 이어지는 말은 전혀 다른 이야기였다.

"말을 가장 잘하는 사람은 남의 말을 잘 듣는 사람입니다."

선배 아나운서의 첫 가르침이 잘 듣는 것이라니 뜻밖이었다. 이제 최고의 말하기를 배우려고 입 운동을 한참 하고 있는 병아리 아나운서들에게 "입을 닫아. 그리고 귀를 열어!"라고 가르쳤던 것이다. 남의 말을 잘 들어야 비로소 자신의 말을 잘할 수 있기 때문에 말하기의 첫 번째 과정은 바로 잘 들어야 한다는 것이다.

얼마 전, 대학생들을 모아서 토론 배틀을 벌이는 프로그램을 본 적이 있다. 참가자들은 저마다 자신이 가진 지식을 뽐내느라 여념이 없었다. 고대 철학자부터 현대의 사상가와 기업인들의 명언은 물론이고 문학과 과학 전문지식 등 엄청난 지식의 양을 선보였다. 그런데 참가자를 선발하는 심사위원들은 저마다 표정이 좋지 않았다. 이유는 바로 그들의 듣는 태도였다. 그들의 말이 귀에 들어오지 않을 뿐더러 자신들의 말만 하고 다른 사람의 말에 집중하지 않는 바람에 질문을 받았을 땐 꿀먹은 벙어리처럼 있거나 더듬대기 일쑤였다. 똑똑한 머리는 가지고 있을지언정 열린 귀가 없어 낭패를 본 것이다.

방송 인터뷰에서도 마찬가지이다. 질문하는 기자나 아나운서가 자신이 질문하는 것에만 집중하는 바람에 인터뷰를 망치는 경우가 있다. 현장에서 곧바로 이루어지는 인터뷰가 아니라 사전에 약속된 인터뷰는 대부분 질문지가 먼저 인터뷰 대상자에게 건네진다. 그래서 미리 답변을 준비한 상태에서 진행하게 되니 아무래도 인터뷰가 매끄럽게 진행되는 게 당연하다. 하지만 인터뷰의 내용과 관련해서 전문가가 아닐수록 긴장하게 마련이다.

출연자가 긴장한 탓에 대본대로 질의응답이 이루어지지 않을 때가 종종 있다. 질문자는 자신의 질문지만 자꾸 확인하는 것보다 출연자의 말에 귀를 기울이며 꼬여버린 인터뷰의 실타래를 풀어야 한다. 그런데 제대로 듣지 않고 있다가는 이미 나와버린 답변 내용을 다시 묻는 경우도 있고 빠뜨린 답변을 미처 깨닫지 못하고 그냥 지나가는 경우도 생기는 것이다. 듣는 일에 집중하면, 혹시 나중 순서에 나오는 질문에 대한 답변이 먼저 나와버리면 그 질문은 삭제해야 한다. 두 가지 내용을 답해야 하는데 한 가지만 답하고 지나갔다면 보충하는 질문을 또 한 번 던져야 한다.

『아웃라이어』의 저자 말콤 글래드웰은 상대를 대하는 데 있어서 '나'를 권위적으로 앞세우는 것보다는 상대방에게 귀를 기울이는 것이 상당히 중요하다고 했다. 그는 『블링크』라는 책에서 의사 중에서 고소를 당할 법한 사람을 알아내는 방법을 듣는 것과 관련해 설명하고 있다. 말콤 글래드웰은 의료사고가 발생할 때 정작 의사의 과실 문제를 처음부터 내세우는 경우는 거의 없다고 했다. 의사를 고소하는 환자들은 대체로 의사와의 관계에서 문제가 생겼을 때 법적인 조치를 했다는 것이다. 그는 환자와의 관계를 원만하게 유지하는 의사들은 대체로 대화를 잘 주고받았다고 했다.

환자와 관계가 좋은 의사들은 평균 진료시간보다 3분 더 진료한다는 공통점이 있었다. 3분을 더 함께하면서 환자들의 말에 귀를 기울인 덕분에 의료소송으로부터 상대적으로 자유로웠다는 것이다. 말콤 글래드웰의 분석처럼 의사가 나의 말에 귀를 기울여주면 다소 치료가 더디거나 효과를 보지 못해도 신뢰를 쉽게 깨지 않는다. 물론 의사들이 의료소송을 피하려고 시간을 더 내서 귀를 기울이는 것은 아닐 것이다. 고통에 대한 공감과 좀 더 나은 치료를 위해 최선을 다하려는 자세가 경청의 태도로 표현된 것이고, 그것이 환자들에게 믿음을 준 것이다.

온몸으로 들어야 한다

딸아이가 어렸을 때였다. 아이가 무슨 얘기를 하고 있고 나는 열심히 들어주고 있었다. 마침 급한 용무가 있어 종이에 메모하며 듣고 있는데 아이는 작은 손으로 내 뺨을 잡고 고개를 돌리게 하여 자기를 쳐다보도록 끌어당겼다. 나는 분명 열심히 듣고 있었고 대꾸도 잘하고 있었는데 싶었다. 그런데 나중 가만히 생각해 보니 아이에게 필요한 건 귀로 듣는 것뿐 아니라 눈빛으로 얼굴 전체로 자기 말을 들어주는 엄마의 다정한 얼굴이었던 것이다.

만약 내가 어떤 중요한 이야기를 누군가에게 열심히 이야기하고 있는데 그 사람은 고개를 딴 곳으로 향하고 있다고 치자. "너는 사람이 말하는데 어딜 쳐다보는 거야?" 했을 것이다. 그러면 상대는 분명 이렇게 대답할 것이고. "아, 듣고 있다니까. 그냥 말해!" 듣고 있다고 하지만, 다른 곳을 보거나 고개를 숙이고 다른 일을 하는 상대를 보면 더 이상 말을 하고 싶지 않을 것이다. 사람의 말은 귀로 듣는 것이니 귀만 열어놓으면 잘 듣는 것으로 생각하면 오산이다.

모처럼 시간을 내 미팅하고 있는데 상대방은 무엇이 바쁜지 앞에 앉아서 연신 스마트폰 문자를 보내고 있다면 어떤 기분일까? 적어도 급한 용무가 있어 잠깐 메시지만 보내겠다고 양해를 구하고 미안한 표시라도 해야 한다. 그런데 그런 말도 없이 하던 일을 계속한다면 커다란 실례가 된다. 오죽하면 어떤 고급 레스토랑에서는 식탁 위에 스마트폰을 올려놓지 않는 고객에게 좋은 서비스를 한다고까지 했을까 싶다.

가장 효과적인 듣기는 귀를 열어두는 것뿐 아니라 눈으로 듣는 것이다. 그리고 얼굴과 몸 전체로 듣는 것이다. 거기에다 고개를 끄덕이고 몸짓으로 호응한다면 더할 나위 없이 좋은 듣기의 태도를 갖춘 셈이다. 수재민을 돕기 위한 성금 모금 방송을 진행할 때였다. 해마다 태풍이 지나가는 9월 초에는 재해 모금 방송을 연례행사처럼 하게 된다. 이때 진행자는 딱히 할 말이 없다. 모금 현황을 한 번씩 말해주고 길게 늘어선 줄에 서 있는 기부자들과 인사를 나누면서 간략한 기부 사연을 인터뷰하는 게 대부분이다. 모금 방송의 역할만 보면, 베테랑이 아니라도 신입 아나운서가 충분히 할 수 있다. 그런데 베테랑과 신입의 차이는 정작 화면에 나오는 출연자의 모습을 보면 두드러지게 나타난다.

모금 방송의 카메라는 진행자보다 대체로 기부자를 비춘다. 그때 진행자는 자신의 얼굴이 나오는 게 아니라서 다른 곳으로 시선을 돌리거나 대본을 볼 때가 잦다. "어떻게 오셨어요?"라고 물어놓고서는 다른 곳을 보고 있으니 순간 기부자는 당황한다. 일생에 방송사의 카메라에 노출되어 전국에 방송되는 경우가 몇 번이나 있겠는가. 기부자의 얼굴은 딱딱하게 굳어지고 말은 좀처럼 나오지 않거나 더듬대기 일쑤다.

이 사실을 깨닫게 된 나는 비록 내 얼굴이 나오지 않더라도 출연자의 얼굴을 마주 보며 그들의 말을 정성껏 듣기 시작했다. 한번은 그동안 모아둔 저금통의 돈을 들고 나온 어린아이를 마주한 적이 있었다. 그때 나는 활짝 웃는 얼굴로 '네가 정말 자랑스럽다'는 마음으로 바라봤다. 그 아이도 밝은 표정으로 웃으면서 나를 바라보며 제법 대답을 잘했다. 훌륭한 일을 한 자신에 대한 자부심과 뿌듯함이 담뿍 담긴 아이의 환한 얼굴이 화면에 가득하게 잡혔다. 나는 비로소 베테랑 아나운서가 될 수 있었던 것이다.

요즘 아이들은 같이 놀자고 모여서는 각각 자기의 스마트폰을 꺼내들고 시간을 보내기 시작한다. 친구들과 놀겠다고 하여 한자리에 만나서는 고작 각자의 스마트폰에 집중하는 아이들을 보며 엄마들은 한심해한다. 그리고 엄마 자신들도 각자 SNS 작업에 몰두하기 시작한다. 집에서 가족들과 대화를 할 때도 각자가 다른 곳을 보면서 말을 할 때가 잦다. 엄마는 집안을 치우고 설거지를 하며 대화를 하고 아이와 아빠는 TV나 스마트폰을 들여다보며 대화를 한다.

이렇게 되면 대화는 귓등으로 어깨너머로 하게 되는 것이고 때론 공중에다 대답을 날리기도 한다. 이런 대화에서 속 깊은 이야기를 나눌 수 있을 리 없다. 그저 단답형에 가까운 말을 주고받을 뿐이다. 조

그만 테이블을 가운데 두고서라도 모여 앉는 것이 좋다. 그래야 가족의 눈빛이 표정이 보이기 때문이다. 그 눈빛과 표정이 말하는 속 깊은 감정도 비로소 나눌 수 있게 되는 것이다.

가족끼리 대화를 많이 나누는 게 좋다는 말에 아이를 앉혀 놓고 맘먹고 대화를 시도해 보는 부모님도 있다. 먼저 훈시에 가까운 말을 실컷 한 후에 "자, 이제 네가 말해봐!"라며 팔짱을 낀 채로 바라본다. 이것도 그다지 바람직한 태도가 아니다. 취조를 하는 것도 아닌데 이런 분위기에서 아이가 무슨 말을 하겠는가. 팔짱을 풀고 손을 한 번씩 쓰다듬어 주면서 눈을 맞추면 아무리 사춘기 아이라도 조금씩 마음의 문을 열게 된다.

직장에서도 눈을 바라보고 소통을 하는 사람은 뜻밖에 많지 않다. 부하직원이 보고서를 들고 왔는데 바쁘다는 이유로 컴퓨터 모니터에서 눈을 떼지 못한다. 모니터만 바라보면서 "어, 그래. 수고했어. 거기 놓고 가."라고 말한다면 듣는 사람이 과연 격려라고 생각할까? 잠시 고개를 들고 눈을 쳐다보며 말하자.

"정말 수고 많이 했어."

눈빛과 몸짓으로 듣는다는 것은 단지 소리를 듣는다는 게 아니라 마음으로 상대의 말에 집중한다는 뜻이다. 남의 말을 잘 듣는다는 것은 귀만 쫑긋 세우는 게 전부가 아니다. 다양한 몸짓으로 경청하는 중이라는 것을 어필해야 한다. 눈빛과 얼굴과 온몸으로 들어야 한다. 그래야 진짜로 듣는 것이다.

상대방의 입장이 되어보자

소통의 출발은 말하기 전에 듣는 것부터라고 한다. 상대의 말을 듣는 것이 소통의 시작인데 그저 귀만 열어놓는다고 해서 경청의 자세를 갖췄다고 볼 수 없다. 귀뿐만 아니라 눈빛과 몸짓으로 공감하는 것이 경청이다. 상대방이 말을 할 때 눈을 마주치며 고개를 끄덕이는 것만으로도 충분히 공감한다는 것을 보여줄 수 있다. 이렇게 공감하는 태도는 자연스럽게 상대방 말의 맥락과 속뜻마저 파악할 수 있도록 해준다.

상대의 말에 마음의 문을 열고 그 안에 담긴 의미를 읽는다는 뜻이다. 그래서 공감은 귀만 열어두는 게 아니라 상대의 감정까지 이해하는 감정이입의 상태를 뜻한다. 나와 이야기를 나누는 사람이 어떤 마음일지 헤아릴 줄 아는 태도다. 아나운서 김은성의 『이 남자가 말하는 법』을 보면 공감에 대해 '다른 사람의 감정이나 생각을 자신의 것처럼 느끼는 역지사지의 마음' '사람의 마음을 여는 열쇠이며 상대와의 차이를 줄이고 공통점을 극대화하는 과정' '자기를 열어 상대의 마음으로 찾아가는 일' 등으로 설명하고 있다. 즉 공감의 소통은 '너'와 '나'를 '우리'로 만든다.

상대의 마음을 읽고 생각하자

말하기 전에 준비 작업을 하는 것부터가 공감의 과정이다. 먼저 자신의 생각을 잠시 멈춘 뒤에 상대의 마음을 읽는다. 상대의 마음을 헤아려보면 상대방이 '어떤 말을 듣고 싶어 하는지'를 알 수 있다. 상대의 마음을 읽고 또 어떤 말을 원하는지 알게 됐으니 이제 '상대에게 꼭 필요한 말'을 하면 된다. 상대의 마음을 읽는 것은 독심술이라기보다 '맥락'을 이해하면 가능하다. 즉 당장의 상황이나 말보다 앞뒤 상황과 배경을 이해하려는 노력으로 공감하는 것이다. 공감이 안 되는 소통은 아무리 부부처럼 가까운 사이라도 오해와 갈등을 낳게 마련이다.

바쁜 직장 생활 때문에 가족여행 한 번 변변히 가보지 못한 가족이 있었다. 마침 친구 몇 가정이 마음이 맞아 함께 여행을 떠나기로 계획을 세우게 되었다. 가족 모두 모처럼 여행에 가슴이 부풀었다. 그런데 목적지에 도착하자마자 남편의 회사로부터 연락이 왔다. 당장 회사로 나와야 하는 긴급한 일이 생겼다는 것이다. 남편은 가족들에게 미안했지만 어쩔 수 없어서 급히 회사로 돌아갔다. 남은 가족들은 아빠 없이 여행을 보내야만 했다.

여행을 마치고 돌아온 아내는 집의 현관문을 열고 들어오다가 기겁을 했다. 남편의 여행 가방이 고스란히 문간에 있었고 집안은 엉망이었다. 남편은 짐도 풀지 않은 채 그저 집만 어질러 놓은 것이었다. 아내는 여행 짐과 집안을 정리하다가 화가 났고 마침내 퇴근하고 집에 들어온 남편에게 싫은 소리를 했다. 남편은 어이가 없었다. 자신은 휴가 기간 동안 쉬지도 못하고 회사에 다시 불려 가 일을 했는데 정작 아이들과 즐거운 휴가를 보낸 아내가 오자마자 잔소리를 하니 발끈할 수밖에 없었다.

두 사람은 심하게 다퉜다. 부부는 상대가 먼저 사과하기를 바랐다. 남편은 가족여행을 즐기지 못한 자신에게 아내가 위로해주기를 바랐고 아내는 아무리 회사 일이라 해도 가장이 빠진 가족여행이 무슨 의미가 있느냐 생각했던 것이다. 입장을 바꾸어 생각해보았다면 충분히 이해가 되는 일이다. 그러나 당장 자신이 서운한 것만 내세우니 갈등의 골이 깊어졌던 것이다. 아마도 그 부부는 한바탕 설전을 벌인 뒤에 후회했을 것이다. 같이 있고 싶었는데 그러지 못한 마음은 두 사람에게 공통된 애틋한 감정이었을 테니 말이다. 두 사람이 서로 자신의 속상한 기분을 말하기 전에 상대의 마음을 먼저 읽고 공감부터 했더라면 어땠을까. 아쉬운 마음을 나누며 다음 가족여행에 대한 기대를 나누지 않았을까? 이처럼 한집에 사는 부부마저 서로의 마음을 읽기가 어려운데 전혀 다른 문화와 입장을 가진 사람의 마음을 읽는 게 쉽지 않다.

많은 사람 앞에서 말할 때도 그들이 듣고 싶어 하는 이야기를 할 때 공감을 얻을 수 있다. 아무리 올바르고 좋은 이야기라 해도 공감을 얻지 못하면 따분한 소리로 들린다. 예전에 소방공무원 연수과정에 특강을 한 적이 있다. 중년의 나이인 소방서장님들은 과거에 9시 저녁 뉴스를 진행하던 나의 실물을 본다는 사실만으로도 반가워 집중하며 강의를 듣고 있었다. 그런데 이제 갓 소방관이 된 젊은이들은 내가 누군지도 잘 모를 뿐더러 가뜩이나 고된 연수 일정에 지쳐 고개를 숙이고 있었다. 아예 졸고 있는 사람부터 딴짓하는 사람까지 있었다.

강의하는 사람으로서 내 이야기에 집중하지 못하는 청중을 보면 불편할 수밖에 없다. 특히 앞자리에 앉아 아예 얼굴을 파묻은 채로 잠을 자는 한 청년을 보고 있으려니 여간 신경이 쓰이는 게 아니었다. 강의가 끝나갈 무렵 마무리 발언을 하는데 원고에도 없는 말이 나왔다.

"여러분, 저는 여러분이 왜 이렇게 위험한 직업을 택했는지 솔직히 이해하지 못합니다. 더구나 여러분을 사랑하는 부모형제분들을 생각해본다면 마음이 아픕니다. 여러분이 이 직업을 택하겠다고 했을 때 마지못해 승낙하셨을 그분들을 생각해보면……."

순간 목이 메어 잠시 말을 멈추고 장내를 바라봤다. 위험과 맞서야 하고 한없이 희생해야 하는 이 어려운 일을 하겠다고 결심한 아들딸을 바라보는 부모의 안타까운 심정이 되어 다시 말을 이어갔다.

"하지만 여러분들은 이 일을 스스로 선택하셨습니다. 위험한 것을 알고도 말입니다."

내가 이 말을 하자 얼굴을 파묻고 있던 청년 소방관이 고개를 번쩍 들고 바라봤다. 졸거나 딴짓을 하던 다른 젊은 소방관들도 모두 주목했다. 나는 소방관들을 둘러보며 그 선택과 용기를 존중하며 박수를 보낸다고 말을 마쳤다. 그러자 그 청년을 비롯한 모든 사람이 박수를 쳤다. 나는 고개를 숙여 그들에게 경의를 표하며 강의를 마쳤다.

모든 사람의 삶과 선택은 존중받아야 한다. 내 생각을 먼저 강조하지 말고 상대가 어떤 말을 듣고 싶어 하는지 생각하는 것은 상대를 존중한다는 의미이다. 그래야 마음을 읽고 또 공감할 수 있다.

공감의 소통, 배려의 말

군부대 위문 행사에 사회를 본 적이 있다. 행사는 별 탈 없이 잘 끝났다. 나는 마지막 인사를 위해 무대 한가운데에 섰다. 앳된 군인들의 얼굴을 자세히 보니 내 아이 또래의 젊은이들이었다.

"여러분의 어머니들께서 저를 얼마나 부러워하실까요. 잘 지내고 있는 여러분을 보니 감사하고 또 목이 멥니다. 아프지 말고 밥도 제때 챙겨 먹고 힘들더라도 마음에 상처를 받지 말고…….”

어느덧 나는 사회자가 아니라 한 엄마의 입장에서 말을 하고 있었다. 엄마가 자신들에게 하는 말을 듣던 군인들은 잠시 숙연해졌다. 모두가 집에 계신 엄마를 생각하는 듯했다. 고개를 숙이며 눈가를 비비는 청년도 있었다.

이때 한 말은 이날 행사의 마무리 멘트로 미리 준비한 것이 아니었다. 그러나 그들의 얼굴을 쳐다보며 마음 깊은 곳에 와 닿은 말을 하자 군인들의 마음이 움직였다. 군인들과 그들의 가족이 현재 느끼는 심정을 공감하고 말했으니 어쩌면 당연한 반응이었다. 상대의 마음을 읽고 공감을 할 수 있으면 그때부터 상대에게 하는 말도 달라진다. 내 주장만 강하게 내세우는 것보다 상대를 배려하는 화법으로 바뀐다.

타인에 대한 공감과 배려는 선명한 이미지를 남길 수 있다. 영화 「인턴」에서 주인공 벤은 손수건을 늘 가지고 다니는 이유를 이렇게 말한다.

"손수건을 들고 다니는 가장 큰 이유는 빌려주기 위해서이지. 예의 바르게 나의 흔적을 남기는 거야.”

소통을 잘하려는 것은 나를 드러내는 것이 아니라 상대를 깊이 이해하고 공감하여 돋보이게 해주려는 것이다. 그러나 역설적으로 상대를 세워주는 배려가 정작 나를 돋보이게 한다. 소통이 관계를 맺는 것이라면 그 관계의 결과는 나의 존재를 긍정적으로 남기는 것일 테다. 벤의 손수건처럼 배려는 긍정적인 흔적과 이미지를 남기는 최상의 소통이다.

스피치를 통해 삶을 변화시킬 수 있다

차차차 3 변화 Change

스피치 섀도잉을 해보자

말하기는 갑작스레 실력이 늘지 않는다. 그러므로 말하기도 연습이 필요하다. 이 연습을 위해 한 가지 비법을 소개한다. 바로 섀도잉 Shadowing 이다. 섀도잉은 내가 동시 통역 대학원에 다닐 때 배운 방법이다. 예전에 우리가 외국어를 배울 때 "잘 듣고 따라해보세요."라는 지시에 따라 한 문장을 듣고 따라 하는 식으로 연습한 기억이 있다.

이때 짧은 문장일 때는 별문제가 없다. 그러나 긴 문장을 배울 때는 아무래도 기억의 길이가 한계가 있기 때문에 헤매고 만다. 사람의 메모리 스팬 memory span 이 그리 길지 못하기 때문이다. 그래서 한 문장을 통째로 잘 듣고 따라 하려 애를 쓰는 것보다 섀도잉을 활용하는 게 좋다. 그림자처럼 따라 하는 것이다.

롤 모델을 따라해보자

섀도잉을 하려면, 우선 자신이 좋아하는 스피치의 롤 모델을 찾는다. 뉴스 앵커나 방송진행자처럼 자주 찾아볼 수 있고 검증된 사람이라면 더욱 좋다. 뉴스 진행자, 특히 아나운서를 해본 방송인들은 전문적인 말하기 훈련을 받은 사람들이다. 가장 정확한 발음과 말하기를 특별히 훈련한 사람들이니 아무래도 생생한 교과서 역할을 하는 데 손색이 없다.

요즘은 방송의 다시보기나 유튜브를 통해 수시로 내가 좋아하는 방송인의 방송을 찾아볼 수 있다. 그들의 방송을 보면서 2~3초 시차를 두고 따라 해본다. 마치 유명한 영화배우의 대사를 따라 하듯이 반복하며 해보는 것이다. 익숙한 한국어일 경우나 그 내용이 익숙하다면 좀 더 길게 3~4초 정도 간격을 두고 해본다. 익숙한 만큼 기억할 수 있는 분량이 조금 더 많으니 별 무리 없이 따라 할 수 있을 것이다. 만약 다루는 내용이 익숙하지 않거나 혹은 낯선 외국어라고 해도 두려워할 필요가 없다. 수없이 반복하다 보면, 어느덧 입에 익고 억양과 발음도 모사 수준까지 이를 수 있을 것이다.

발음과 억양이 익숙해진 후부터는 섀도잉의 모델을 바꿔본다. 지금까지는 말하기 훈련과 관련한 기본적인 절차에 해당됐다면, 이제부터 자신이 관심이 있는 분야의 모델을 선정하고 섀도잉을 하는 것이다. 한때 마케팅이나 사업기획을 하는 사람들이 스티브 잡스의 애플 신제품 발표 장면을 보고 따라 하는 게 유행인 적이 있다. 이처럼 좋아하는 유명인이나 정치인 등의 프레젠테이션과 연설을 흉내 내는 것도 좋은 방법이다. 억양, 말투, 그리고 몸짓까지 섀도잉을 하면 좀 더 효과를 볼 수 있다. 나도 아나운서 출신이지만, 여전히 섀도잉을 하면서 말하기 훈련을 하고 있다. 평소에 교회 행사에 참석하여 강연할 때도 많고 하여 좋아하는 목사님의 설교를 들으며 앵무새처럼 따라 해본다. 앞서 말한 것처럼 2~3초 간격을 두고 따라 하는 것이다.

섀도잉의 효과는 발음과 억양뿐 아니라 말감을 모을 수 있는 장점도 있다. 예전에 나는 릭 워렌 목사의 『목적이 이끄는 삶』 오디오북 CD를 들으며 운전하고 다닌 적이 있다. 영어공부도 되고 또 신앙에 도움이 되니 두 마리 토끼를 잡은 셈이었다. 게다가 CD에 담긴 내용 중에서 내가 감명을 받은 내용은 따로 강연할 때도 인용을 할 수 있으니 말감도 저절로 모은 셈이다. 이때 각운을 살리는 라임 효과도 배울 수 있었다. 예를 들어 "감정을 나타내 보이는 것이 치유의 시작이다."라는 문장은 원어로 "리빌링 더 필링 이즈 더 비기닝 오브 더 힐링 Revealing the feeling is the beginning of the healing"이라 되어 있었다. 이처럼 라임을 살리는 것이 상당히 각인 효과가 있다는 것을 알게 됐고 강연할 때도 활용해볼 수 있었던 것이다.

최근에는 책으로도 나온 적이 있는 영화배우 제인 폰더의 『지금까지의 내 인생My Life So Far』 CD 8장을 들으며 섀도잉을 해보기도 했다. 배우로 활동하고 또 월남전을 반대하는 시민 운동가로 다양한 활동을 했던 제인 폰더의 매력적인 목소리와 다양한 상황에서의 스피치 톤이 흥미로웠다. 좋아하는 사람을 따라 하는 것이 익숙해지면 그때부터 일방적으로 따라 하지 않고 집중해서 자신만의 말하기를 시도해본다. 예컨대 유명한 분의 연설을 여러 번 따라 했다면 눈을 감은 채 자신만의 발음과 억양으로 말을 해보는 것이다. 이렇게 해보면 상당한 집중력이 생긴다. 섀도잉은 처음에는 단순히 따라 하는 것으로 시작하지만, 어느 정도 단계에 이르면 롤 모델의 생각을 더 깊이 이해하고 자신의 꿈과 비전을 찾는 과정이기도 하다.

MBC에서 아나운서를 했던 최윤영 아나운서는 외국어 고등학교에 입학했을 때 삼촌으로부터 책 선물을 받았다고 한다. 그 책이 내가 쓴

『9시 뉴스를 기다리며』이다. 그녀는 이 책을 읽으면서 아나운서라는 꿈을 가지게 됐다고 한다. 여성으로서 자신이 가진 것을 최대한 보여 줄 수 있는 최고의 직업이라 생각했다는 것이다. 그리고 아나운서가 되는 날까지 그 꿈이 흔들리지 않았다고 한다. 최윤영 아나운서도 자신의 꿈을 키우기 위해 당시 9시 뉴스를 보면서 섀도잉을 해봤을 것으로 짐작된다. 그리고 '청출어람 청어람 靑出於藍 靑於藍'이란 말처럼 나를 비롯한 앞서 간 선배들을 흡족게 하는 더 훌륭한 후배 아나운서로 성장했다. 그녀는 따라 해보는 과정을 지나, 자기만의 색깔을 갖췄고 그 색깔이 대중들로부터 사랑을 받았다.

내가 배우고 싶은 분야의 선배들은 오랜 시간 동안 쌓아둔 노하우와 전문 지식을 가지고 있다. 그분들의 스피치를 따라 하는 것은 좋은 말하기를 위한 효과적인 수업이 된다. 영어를 배울 때도 시간이 걸리는 것처럼 우리 말 말하기의 섀도잉도 긴 시간을 두고 반복하여 연습하면 롤 모델에 부끄럽지 않은 자신만의 색깔을 가질 것이다.

미리 스피치 재료를 모아두자

예전에 FM 클래식 음악 프로그램을 진행할 때 메모 노트가 많은 도움이 됐다. 평소에 신문이나 책을 읽다가 프로그램과 관련해서 필요한 내용이나 감명받은 구절을 노트에 옮겨 적었다. 출처까지 꼼꼼하게 기록한 노트에는 내 생각이나 메모에 대한 의견도 적어놓았다. 그리고 프로그램의 시작과 끝에서 적절하게 멘트로 활용하곤 했다. 작곡가나 연주자에 대한 정보는 별도의 노트로 기록해서 언제든지 필요할 때 꺼내 사용할 수 있도록 했다.

말을 잘하는 사람은 청산유수가 따로 없다. 언제 어디서나 말을 능숙하게 한다. 원고나 메모도 없이 막히지 않고 말을 참 잘한다. 타고난 달변가라는 생각이 저절로 든다. 그런데 이런 사람들은 평소에 상당히 많은 준비를 했기 때문에 능숙한 달변이 가능하다. 자신이 말할 분야에 대해 관심이 많고 또 중요하다고 여기는 정보나 자료를 평상시늘 모으고 있다. 단지 손에 원고가 없을 뿐 머릿속에 이미 말할 원고가입력된 것이다. 일상에서 미리 자료를 확보하고, 또 그 자료를 통해 뭔가 말할 거리를 찾으면 중요한 부분을 요약하여 머릿속에 넣어둔다. 이런 사람은 자신만의 스피치 데이터베이스를 구축하는 셈이다.

청산유수의 비결

　말하기의 중요성을 잘 아는 사람은 짧은 인사말도 미리 준비한다. 어떤 행사에 참석하면 축하와 격려의 인사말을 하게 된다. 미리 순서에 정해져 있을 수도 있고 또 사전부탁을 받기도 한다. 그런데 간혹 즉석에서 요청받을 때가 있다. 경험이 많은 사람은 사전에 인사말 부탁을 받든 안 받든 간에 미리 준비한다. 적어도 그 행사가 어떤 행사인지는 알고 갈 뿐 아니라 행사장에 도착해서도 짧은 시간을 이용해 준비한다. 행사 관련 브로슈어만 봐도 즉흥적인 인사말을 하는 데 무리가 없다. 행사 제목이나 참가자들의 성향 등을 미리 파악하는 것도 좋다. 또 천편일률적인 인사말보다 기억할 만한 내용을 짧게 준비하는 것도 효과가 있다. 무엇보다 앞사람이 하는 것과 중복되지 않아야 한다. 그런 자리에서 인사말을 하는 것은 내 이름 석 자의 브랜드를 알릴 수 있는 자리이다. 그런데 지루하고 중복되는 인사말을 하면 오히려 역효과를 낼 수 있다.

　나는 남편과 함께한 행사에 참석했다가 남편의 즉석 인사말을 듣게 된 적이 있다. 남편은 조용히 순서를 기다리며 말할 준비를 하다가 문득 청중을 바라보았다. 대부분의 사람들이 피곤하고 짜증 난 표정이었다. 여러 사람이 인사말을 하느라 식사 시간을 훌쩍 넘겨버린 것이었다. 몇 사람의 장황한 연설이 이어진 뒤에 남편의 순서가 됐다.

　"여러분, 음식을 앞에 놓고 너무 긴 이야기를 하는 게 좋지 않겠지요? 오늘 행사가 잘 진행되기를 바랍니다."

　남편이 30초도 채 되지 않는 인사말을 마치자 행사장이 떠나갈 듯 박수가 터져 나왔다. 그날 인기 최고였던 것은 말할 것도 없다. 만약에 남편도 다른 사람들처럼 장황하게 연설했다면 자신의 좋은 이미지를 알리기는커녕 청중들의 짜증만 돋우었을 것이다. 내가 무슨 말을 할지 미리 말감을 준비하는 것도 좋지만, 이처럼 다른 사람의 이야기와 상황을 놓쳐서도 안 된다. 내가 기껏 마련한 말감을 다른 사람들이 여러 번 사용했다면 과감히 포기할 줄도 알아야 한다.

자료가 곧 소통이다

말을 하는 것이 소통이기 때문에 정확한 정보 전달이 중요하다. 그 정보는 평소에 얼마나 자료를 모으고 정리를 하느냐에 따라 가치가 달라진다. 내가 속해 있는 분야와 관심의 대상에 대해 책, 잡지, 언론 기사 등을 신문스크랩을 하듯이 스스로 분류하고 저장해두는 것이 좋다. 그렇지 않으면 그런 정보가 필요할 때 제대로 활용할 수가 없다.

'기록이 기억을 이긴다'는 말이 있다. 아무리 머리가 뛰어난 사람도 기억력은 한계가 있기 때문에 기록에 의지해야 한다. 스피치가 뛰어난 사람들은 늘 메모하는 것이 습관이 되어 있다. 힐러리 클린턴은 메모로 가득한 자기만의 수첩이 엄청나게 많다고 한다. 책에서 읽은 감명 깊은 구절, 잡지의 기사 등 온갖 내용이 기록되어 있는데 그 메모들이 글쓰기와 말하기의 훌륭한 재료로 활용되고 있다는 것이다.

요즘은 디지털 세상이다 보니 자료를 구하기도 너무나 쉽다. 그러나 워낙 단편적인 자료가 넘쳐나서 자신만의 데이터베이스로 만드는 경우는 보기가 어렵다. 즉 홍수처럼 쏟아지는 정보가 스마트폰이나 PC로 흘러나오다 보니 저장을 하지 않는다. 또 검색한다고 해도 앞뒤 맥락을 이어서 자료를 이해하는 것보다 단편적인 지식만 획득하는 것에 그치고 만다. 자신의 것으로 만들지 못하고 한 번 쓰고 버리는 셈이다.

디지털의 장점은 편리함이다. 그리고 이 편리함은 정보와 자료를 모으고 분류하여 저장하는 것으로 활용해야 한다. 쉽게 접한 정보를 주제별로 분류하여 각각 다른 폴더로 저장하여 가지고 다니는 것이다. 요즘은 언제 어디서든지 스마트폰으로 이런 자료를 볼 수가 있다. 게다가 과거처럼 여러 권의 수첩을 일일이 찾는 고생을 할 필요도 없다. 해시태그, 키워드 검색 등으로 쉽게 해당 자료와 메모를 찾을 수 있다. 아날로그 시대와 디지털 시대는 단지 수단의 차이일 뿐이다. 메모와 기록의 중요성은 변하지 않는다. 평소에 말감을 얼마나 준비하느냐에 따라 스피치의 효과가 달라진다는 것은 시대가 변해도 분명한 사실이다.

요즘은 자료가 많아져도 컴퓨터를 활용해서 편리하게 저장하고 검색할 수 있다. 그러나 디지털로 정보를 저장하는 것도 마구잡이로 하는 것은 별 도움이 되지 않는다. 자료를 기록하고 분류하여 저장하는 과정이 곧 말감을 준비하는 것이자 자신의 메시지를 논리적으로 정리하는 과정이다. 나는 자료가 점점 늘어나는 것을 대비하여 수첩이나 노트를 만들 때 처음부터 책처럼 만든다. 노트에 페이지 번호를 매기고 노트의 가장 앞장에는 '차례'를 만들어 어떤 내용이 몇 페이지에 있는지를 써놓는다. 분량이 늘어나기 때문에 같은 모양과 크기의 노트를 계속 사용하면 아주 좋다. 또 나중에 같은 주제별로 메모를 모아서 컴퓨터 폴더로 한군데 정리를 해두면 나중에 요긴하게 정보를 활용할 수 있다. 이런 말감이나 글감이 글쓰기와 말하기의 가장 기본이 된다.

평소에 자료를 모으고 정리를 하는 습관을 지닌 사람은 곧바로 정보를 자신의 머릿속에 있는 생각의 서랍에다가 옮겨 놓는다. 그리고 말하기 전에 서랍을 열어 적절하게 활용한다. 처음에는 1분 스피치를 준비해서 연습한다. 그리고 조금씩 시간을 늘려서 3분, 7분 스피치 등을 준비해서 연습한다. 사람에 따라 다르겠지만 아마 처음에는 1분 스피치를 준비하는 데 5~6시간 혹은 며칠 정도의 시간이 필요할 수 있다. 그렇다면 3분과 7분 스피치를 준비하는 시간은 몇 시간이 소요될까? 3분이면 세 배의 시간이 필요할 듯하지만, 한 번 노하우를 터득하면 나중엔 시간을 점차 절약할 수 있게 된다.

내가 진행하는 스피치 수업에서 학생들은 자유로운 주제로 3분 동안 발표할 기회를 여러 번 가진다. 3분이라는 시간은 한 가지 주제로 자신의 생각을 논리적 순서에 따라 표현해 보기에 적절한 길이다. 시간이 길지 않은 만큼 구성을 명확히 하고 적절한 표현과 단어 등을 미리 준비해야 한다. 처음에는 모든 것이 서툴나. 첫 번째 실수는 3분이라는 시간을 우습게 알고 자료를 제대로 준비하지 못하는 경우이다. 웬만한 주제라면 평소 가지고 있는 생각을 이것저것 주워섬겨도 3분쯤이야 얼마든지 가능할 거라는 생각을 했다가 큰 낭패를 보기 일쑤다.

짧은 스피치일수록 구성, 표현, 용어 선택 등을 미리 준비해 두어야 실수가 없다. 이렇게 3분 스피치를 준비해 발표하고 나면 피드백 시간이 온다. 우선은 청중이었던 한 교실 안의 친구들이 제각각 듣고 느낀 점을 이야기한다. 좋았던 점을 칭찬하는 것은 물론이고 내용에 대한 지적, 발음, 스피치 자세 등까지 코멘트한다. 그러고 나서 마지막으로 나의 전체적인 코멘트가 이어진다. 이러한 피드백 과정은 참으로 중요하다. 다른 사람의 스피치에서의 문제점은 바로 자신에게도 공통된 이야기이기 때문에 모든 학생들은 발표하는 친구들의 스피치에도 집중해서 귀를 기울일 뿐 아니라 모든 코멘트를 듣고 각자 기록한다.

한 학기가 끝날 즈음 담당교수인 내가 학생들의 실력이 향상된 것을 판단하는 한 가지 잣대가 있다. 그것은 바로 학생들이 발표하는 스피치 피드백 내용이다. 상대의 스피치를 듣고 정확하게 문제점을 지적해 내는 학생들의 발표를 듣고 '이제 됐다.' 하고 속으로 박수를 치는 순간이 생긴다. 다시 말해 무엇이 잘못된 것인지 아는 것은 곧 자신의 문제점도 고칠 수 있다는 뜻이기 때문이다. 이렇게 피드백하는 과정에서 학생들은 아무리 짧은 말하기라도 사전에 얼마나 많이 준비하고 연습하며 말하기를 대비해야 하는지 절실하게 깨닫게 된다.

이런 과정을 거치면 학생들은 시간이 지날수록 스피치 능력이 향상된다. 3분에 맞는 적절한 주제를 선정하고 말할 내용의 구성과 강조할 주제를 앞에서 언급할지, 아니면 결론에서 말할지 등을 결정하는 능력이 눈에 띌 만큼 현저하게 발전한다. 말하기는 치밀한 준비와 자료조사를 통해 이루어진다. 벤저민 프랭클린은 "준비에 실패하는 것은 실패를 준비하는 것"이라 했다. 아무런 준비와 자료도 없이 말을 한다는 것은 자칫 스스로의 이미지를 해치는 것을 자초하는 결과를 가져올 수 있다. 따라서 미리 준비하는 습관을 지니는 것이 무엇보다 중요하다.

사인랭귀지로 대본을 만들자

요즘은 전문적인 강사나 정치인이 아니라도 연설하고 토론하고 프레젠테이션한다. 학교에서 조별 과제를 발표하거나 직장에서 프레젠테이션하는 모습은 거의 일상적이다. 그런데 발표하는 동안 한 번도 고개를 들지 않고 스크립트만 보는 사람이 있는가 하면 얼굴은 들지만 청중을 쳐다보기보다는 벽에 걸린 시계나 창문을 쳐다보는 사람도 있다.

청중과 눈을 마주치지 않는 사람의 발표는 주의력을 떨어뜨린다. 스크립트를 아무리 잘 만들어놓아도 국어책을 보고 읽듯이 말하는 내용은 감흥이 떨어지게 마련이다. 또 현장에서의 분위기와 반응은 예측할 수 없다. 제 딴에는 재미있고 위트 넘치는 내용 또는 아주 중요한 구절이라 생각하고 말해도 청중의 반응은 심드렁할 수 있다. 그런데 스크립트만 보면서 읽듯이 말하는 사람은 이런 반응조차 모르고 그냥 계속 읽기만 하니 청중에게 분위기를 맞추는 일은 점점 요원해질 뿐이다.

말을 하지 않고 읽기만 하는 유형은 여러 가지 이유가 있을 것이다. 워낙 낯가림이 심해 그럴 수도 있고 또 미처 스크립트를 다 외우지 못해 실수라도 할까 봐 고개를 들지 못할 수도 있다. 그러나 이유가 어쨌든 간에 발표하는 자리에 섰다면 그 자리에 나온 임무를 완수해야 한다.

자연스럽게 청중을 바라보며 말을 하려면 원고 본문에서 눈을 뗄 수 있어야 가능하다. 원고 본문을 그대로 읽어서는 불가능한 일이다. 그렇다고 통째로 외우기도 쉽지 않다. 몇 번이나 반복하고 달달 외워도 한 글자도 틀리지 않고 말한다는 것은 베테랑 강사도 어려운 일이다. 그래서 나는 내용을 그림처럼 만들어서 머릿속에 저장하고 강연에 활용한다.

말할 내용을 머릿속에 그림처럼 만드는 방법은 공부할 때나 혹은 책의 본문을 외울 때 도움이 된다. 특히 앞서 말한 사례처럼 공개적인 자리에서 발표할 때는 아주 유용하다. 시선 처리도 자연스럽게 할 수 있고 텍스트를 토씨 하나 틀리지 않고 외워야 한다는 부담감도 줄일 수 있다.

자신만의 기호를 만든다

'사인 랭귀지Sign Language'는 메모를 떠올리면 쉽게 이해가 된다. 중요한 내용을 메모할 때 책의 원고를 쓰듯이 기승전결에 따라 완결된 문장으로 적지 않는다. 핵심적인 내용을 간략하게 정리하는 메모처럼 쓰는데 글자가 아니라 자기만의 부호로 메모해서 머릿속에 기억하는 것이다.

머릿속에 기호로 기억된 메시지는 자연스럽고 부드러운 스피치로 사람들에게 전달된다. 특정 기호가 정해져 있는 속기와는 달리 자신만의 사인 랭귀지를 만들어 쓰면 되는 것이라서 특별한 법칙이 있는 것도 아니다. 자신만의 사인, 즉 기호법칙을 만드는 것이다. 다만, 매번 사인이 달라지면 혼선이 생길 수 있으니 통일되고 분명한 사인 법칙을 만들어놓는 게 좋고 가능하면 간단하게 만들어야 효과적이다.

다음은 몇 가지 사인 랭귀지의 예를 든 것이다. 참고용으로 생각하고 각자 자신의 기호를 만들어보자.

Y : 너는(you)   I : 나는(I)

+ : 더하다   − : 빼다   = : 그 결과

₩ : 세상, 세계   ĝ : 정부   ĥ : 병원

← : 과거   ↓ : 현재   → : 미래

♡ : 사랑하다

O̎ : 생각하다, 믿다

◁ : 말하다   ◁ : 보다   3 : 듣다   ∵ : 왜냐하면

∴ : 그러므로, 따라서, 그 결과, 마침내   ♭ : 하지만, 그러나

N̲ : 나라, 국가

人 : 사람   人s : 사람들

∞ : 만나다   ﹐ : 대통령, 국가 원수

이렇게 자신만의 방식으로 사인과 기호를 만들어 메모하면 훨씬 효과적이다. 나 혼자 보고 말하는 것이니 어떤 기호를 써도 괜찮다. 나만 알아보는 게 더 좋을 수도 있다. 사전에 스피치 내용이 알려지는 것을 원하지 않을 때도 있지 않은가. 문장이 바뀌고 단락을 구분할 때는 줄

을 바꿔 쓰면 가독성이 높아진다. 이제 위의 기호를 활용해서 메모를 만들어보자.

예)　대통령은 국민들을 사랑해야 합니다.
　　　그러기 위해서는 국민들의 말에 귀를 기울이고
　　　국민들을 많이 만나야 할 것입니다.
　　　↲/N人s ♡!
　　　→N人s 3
　　　　N人s ∞!

　한 문장이 간략한 기호 몇 개로 정리됐다. 처음에는 기호조차 외우는 게 힘들 수 있다. 그러나 어차피 스크립트를 몇 번씩 보면서 문장의 맥락을 인지하려는 과정이 있기 때문에 자연스럽게 익숙해질 것이다. 이렇게 한 줄 정도의 문장에서 차츰 분량을 늘려 자신만의 기호로 문장을 만들어보는 것이다. 이 방식이 익숙해지면 스크립트를 뒤적거리며 말하지 않아도 된다. 몇 장의 스크립트를 한 장의 메모로 축약시킬 수 있다. 또 자잘한 글씨보다 큼직한 기호로 정리를 해놓아 무슨 뜻인지와 맥락이 무엇인지 곧바로 알 수 있다.

　그림 언어, 즉 사인 랭귀지가 아닌 다른 방법도 말하기나 외우기에 도움이 된다. 예컨대 몸을 이용하는 것이다. 사극에 나오는 서당이나 지리산 청학당을 보면 큰소리로 문장을 읽으면서 몸을 흔드는 것을 볼 수 있다. 앞뒤로 혹은 좌우로 몸을 움직이며 글을 읽는다. 나도 성경을 읽을 때 이렇게 해보니 외우는 데 상당한 도움이 된다는 것을 깨달았다. 예를 들면 이렇게 하는 것이다. 표시된 부분마다 왼쪽 오른쪽으로 몸을 움직이며 외워보는 것이다.

예) 너희 중에/누구든지/지혜가/부족하거든/모든/사람에게/후히/주시고/꾸짖지/아니하시는/하나님께/구하라/그리하면/주시리라/

혼자서 연습을 하는 것이니 주위의 시선을 의식할 필요도 없다. 방에 조용히 앉아 스크립트를 보거나 책을 읽으면서 특정 문장을 몸을 전후좌우 흔들면서 읽으면 된다. 발표를 앞두고 내가 전달하려는 메시지를 강조하기 위해 멋진 인용문을 찾았다면, 그 문장을 가지고 연습해보는 것이다. 그렇게 몸으로 문장을 외워서 청중들과 눈을 맞추면서 말하면 청중들의 반응도 달라질 것이다.

이렇게 외우는 것은 몸의 모든 기관을 이용할 때 훨씬 더 효과적이다. 예를 들어 "당신 말이 내 귀에 들리는 대로 내가 당신에게 해 드릴게요."라는 문장을 강조할 때 손가락으로 내 귀와 상대방을 번갈아 가리키는 것이다. "당신 말이"라는 문장을 말할 때는 상대방을 가리키고 "내 귀에"라는 말을 할 때는 내 귀를 가리킨다. 이것도 앞서 말한 사인 랭귀지로 메모를 해뒀다가 실제 대화를 하거나 발표와 강연을 할 때 사용하면 된다.

외국어를 배우는 경우, 한참 암기력이 좋은 어린 시절에 많은 문장을 외워두는 것이 큰 효과가 있다. 논리력이 뛰어난 사람은 언어를 잘 못한다는 말이 있다. 자꾸 따지니까 수많은 예외가 있는 외국어가 외워지지 않기 때문이다. 예전에 딸아이가 어렸을 때 영어공부를 시키려고 영영사전을 뒤져서 외워두면 좋을 문장 100개를 고른 적이 있다. 그리고 아이에게 외우도록 하고 한 문장을 외울 때마다 100원씩 줬다. 재미있는 놀이를 하듯이 한 문장 두 문장 외우면서 외우는 속도, 발음, 문장 구사력이 빠르게 향상되는 것을 발견할 수 있었다. 10개 정도씩 문장을 그림으로 표시하면서 재미있게 외워나갔던 기억이 난다.

아이들은 이렇게 재미있는 동기 부여가 되면 그 뜻과 의미도 재미있게 기억한다. 그리고 입으로 소리를 내며 그 소리를 귀로 들으며 또다시 뇌에 기억하는 것이다.

통째로 외울 게 아니라 핵심을 이해하라

학생들이 조별과제를 발표할 때를 보면 평소에 말을 잘하는 학생이 발표를 엉성하게 하는 경우가 있다. 단순히 생각하면 준비가 덜 된 것이라 쉽게 판단할 수도 있다. 하지만 대체로 자신이 무슨 내용을 발표하는지 온전히 이해하지 못한 경우이다. 말을 제대로 못 하고 계속 자료만 뒤적거리면서 아까운 시간을 허비하고 만다. 반면에 미처 발표 준비, 즉 프레젠테이션의 스크립트를 제대로 보지 못해도 발표를 깔끔하게 하는 경우도 있다. 평소 조별 과제를 준비하면서 충분히 내용을 인지하고 있었기 때문에 가능했던 것이다.

사인 랭귀지를 이용하고 온몸을 활용해서 외우는 것도 따지고 보면 그 내용을 어떻게 이해하고 받아들이느냐에 따라 효과는 달라질 수밖에 없다. 말하기의 최고 단계는 '자연스럽게 말하기'이다. 달달 외워 말하는 것도 거의 불가능할 뿐더러 자연스럽지도 않다. 자연스럽게 말하기를 하려면 내용을 그림처럼 만들어 기억하고 각각의 문장에 호흡, 쉼, 강조 등의 다양한 표시를 통해 부드럽고 자연스러운 말하기를 한다. 그러나 가장 중요한 것은 내가 이것을 외우는 이유가 무엇인지, 외우는 내용이 어떤 것인지를 충분히 이해해야 한다는 것이다.

연설 혹은 강연이나 발표를 하는 것은 내 생각을 밝히는 것이다. 내가 동의하지 못하는 내용이라면 아무리 사전에 통째로 달달 외웠다고 해도 정작 현장에서는 머뭇거리고 우물쭈물하게 된다. 기억력이 좋아서 잘 외우는 게 아니라 내가 받아들이고 이해하느냐에 따라 저절로 외울 수 있게 되는 것이다. 먼저 자신이 꼭 말하고 싶은 내용을 정하고 그 내용을 그림이나 사인 랭귀지로 메모하듯 정리하여 확신하고 말할 때 비로소 청중에게 설득력 있는 스피치를 하게 되는 것이다.

말할 때와 침묵할 때를 알자

중국의 속담에 '일언기출 사마난추—一言旣出 駟馬難追'이라는 말이 있다. 한 번 내뱉은 말은 마치 네 마리의 말이 이끄는 수레처럼 엄청나게 빨리 퍼진다는 뜻이다. 한두 마리도 아니고 네 마리가 이끄는 수레이니 얼마나 빠르겠는가. 이렇다 할 원거리 소통 수단이 없던 옛날에도 말의 파급력과 전파 속도가 이렇게 빨랐는데, 요즘은 시시각각 내가 하는 말이 온 세상에 번개와도 같은 빛의 속도로 퍼질 수 있다.

말 잘하는 법을 배우겠다는 사람들이 점점 늘어나고 있다. 아나운서와 같은 말하기를 직업으로 삼으려 하는 사람들 말고도 수많은 사람들이 말을 잘했으면 하는 바람을 가지고 있다. 그런데 이런 분들에게 입을 다물 줄 아는 지혜를 말하면 어떤 반응을 보일까? 실수로 내뱉은 말 때문에 손해를 보는 것보다 아예 입을 닫고 있는 게 현명할 때가 있다. 말실수로 낭패를 보는 경험을 한 사람들은 잘 알 것이다. 입을 열어 말하는 것이 곤란할 때는 차라리 입을 닫는 게 낫다. 그만큼 말하는 것은 신중해야 한다. 설화舌禍로 인해 개인이 고초를 겪고 나라의 운명이 흔들릴 수도 있다.

공인이 말실수로 망신을 당하고 그동안 쌓았던 공이 와르르 무너지는 것은 너무나 흔한 일이다. 툭하면 설화로 낙마하는 것은 정치인이나 기업인이나 또 교수 등 나름 엘리트라 부르는 사람들마저 예외는 아니다. 노인을 비하하는 발언을 했던 정치인은 그 일로 나라의 큰 자리를 차지할 수 없게 되었고, 술을 마시고 자신의 힘을 과시하는 막말을 전화통화로 쏟아냈던 정치인은 망신을 톡톡히 당하고 말았다. 중국 오나라의 재상 풍도는 무려 5개의 왕조에서 11명의 군주를 모시고 벼슬을 했다. 일흔이 넘는 나이가 되도록 살아남으면서 고위직을 했다니 엄청난 처세술을 가진 인물이었다. 그때는 권력자의 눈에 벗어나면 낙마로 그치지 않고 자칫 목숨마저 내놓아야 할 시절이었다.

풍도는 후손들에게 자신의 처세술을 남겼다. 그가 남긴 당부는 "구시화지문口是禍之門, 설시참신도舌是斬身刀, 폐구심장설閉口深藏舌, 안신처처우安身處處宇"이었다. "입은 재앙이 들어오는 문이고 혀는 제 몸을 베는 칼이니 입을 닫고 혀를 깊이 감춰 두면 가는 곳마다 몸이 편안하리라"는 뜻이다. 입조심이야말로 가장 현명한 처세술이라는 것이다.

말을 할 때와 말아야 할 때를 헤아려라

한양대 고전문학 교수인 정민 선생은 말과 침묵의 사이가 궁금하다는 뜻의 '어묵찬금語黙囋嚛'을 이야기한 적이 있다. 세상이 워낙 복잡하니 침묵과 말 사이의 경계를 어떻게 구분하느냐는 것이다.

정민 선생은 조선일보의 오피니언 칼럼에서 어묵찬금을 말하며 옛 학자들의 의견을 하나씩 소개했다. 먼저 조선 중기의 신흠은 "마땅히 말해야 할 때 침묵하는 것은 잘못이다. 의당 침묵해야 할 자리에서 말하는 것도 잘못이다."라고 했다. 맹자는 "선비가 말해서는 안 될 때 말하는 것은 말로 무언가를 취하는 것이다. 말해야 할 때 말하지 않은 것은 말하지 않음으로써 무언가를 낚으려는 것이다."라고 했다고 한다.

그렇다면 침묵하는 것과 말하는 것 중에 뭐가 더 어려울까? 이항로는 군이 따지자면 침묵을 지키는 게 더 어렵다고 했다. "말해야 할 때 말하는 것은 진실로 굳센 자만이 능히 한다. 침묵해야 할 때 침묵하는 것은 대단히 굳센 자가 아니면 능히 하지 못한다."라고 했다. 정민 선생은 정경세의 호인 '일묵—默'처럼 아예 침묵하는 것도 좋을지 모르지만, 그것만이 능사라고 할 수는 없다면서 침묵과 말 사이의 경계가 어렵다고 했다.

물론 침묵을 무조건 미덕으로 볼 수는 없다. 불의가 판을 치는 마당에 입을 닫고 있는 것은 암묵적 동조로 받아들여질 수도 있다. 또 민주주의 사회는 일사불란한 모습보다 시끌벅적하게 각자의 의견과 입장을 토의하는 문화가 특징이다. 그런데 입을 다물고만 있다면, 뭔가 이상하지 않은가. 예전에 '미스터 쓴소리'라는 별명을 가진 국회의원이 한 분 계셨다. 그런데 300여 명에 가까운 국회의원들 중에서 단 한 명이 쓴소리라는 별명을 가진 것도 어색하다. 다들 말 잘하는 국회의원들인데 어째 쓴소리를 하는 사람은 단 한 명뿐이라니. 국민을 대변한다는 국회의원이라는 호칭이 무색할 따름이다.

침묵한다는 것이라 해서 능사도 아니지만 무의미한 말을 늘어놓는 달변도 사실 불통에 불과하다. 말을 잘한다는 것은 서로가 의사전달을 할 때 막힘이 없도록 소통한다는 뜻이지 일방적인 화려한 언변을 뜻하는 게 아니다. 달변이라 하지만, 말의 앞뒤가 맞지 않은 현란한 말솜씨를 늘어놓을 것이라면 아예 입을 다물고 있는 게 낫다. 앞서 말한 것처럼 설화로 입을 어설픈 달변의 거센 후폭풍을 만날 테니 말이다.

침묵과 말의 경계가 엇갈릴 때 나름대로 판단의 기준으로 내세우는 것은 신중함이다. 그 신중함은 정확한 정보, 지식, 그리고 사실을 먼저 파악하는 것이다. 또 깊은 관심과 애정을 가지고 있어야 한다. 그래야 침묵은 배려일 수 있고 말하는 것은 격려와 생산적인 비판으로 들릴 수 있다.

침묵이든 말이든 듣는 사람도 상대의 이런 자세를 알고 있다면 침묵과 말에 대한 반응도 달라진다. 쓴소리도 감사의 마음으로 듣게 된다. 관심과 애정이 있으니 면전에서 쓴소리를 하는 것이라고 받아들인다. 그렇지 않다면 보이지 않는 곳에서 험담을 늘어놓을 것이다. 침묵도 답답해하기는커녕 묵언 속의 조언과 지혜를 찾으려 한다.

간혹 말하는 것보다 침묵, 즉 묵언의 지혜가 필요할 때가 있다. 말을 할 때와 하지 않을 때를 신중히 구분할 줄 알고 묵언이 오히려 말하는 것보다 더 강한 커뮤니케이션 효과가 있다는 것을 알고 적절하게 활용할 수 있어야 한다. 말보다 더 중요한 것이 무엇인지, 반드시 해야 할 말과 행동이 어떤 것인지 진지하게 생각하는 것이다.

아름다움의 가치를 보여주자

사람들은 저마다 추구하는 가치가 다르다. 사업가는 돈이 가치이자 판단의 기준이 된다. 사람을 칭찬할 때도 그가 어떤 행사에 얼마의 돈을 썼는지를 중요하게 따진다. 정치인에게는 표를 많이 얻을 수 있는 일이 가장 가치 있는 일이다. 대학에서도 박사학위가 사람 노릇을 하는 기준이 된다. 전임과 비전임의 차이는 그 사람의 존재감을 가늠하는 척도가 된다. 한 사람의 가치가 내면보다 외양적인 것으로 판단되는 것이다. 연예인은 날씬하고 예쁜 외모가 최고의 가치이다. 이때의 외모는 나이에 따라 기준도 달라진다. 나이가 많은 연예인들은 동안 미모, 즉 어려 보이는 게 매력이다. 반면에 아이돌과 같은 젊은 친구들은 성숙하고 매혹적인 모습을 내세운다. 이렇게 가치가 돈으로 환산되어 평가될 때는 온갖 포장과 가식이 따라붙는다. 또 자신이 가지고 있는 내면의 가치보다 외적인 것에 등급을 매긴다.

스피치의 기준도 마찬가지이다. 얼마나 진솔하게 자신의 가치를 말할 수 있느냐보다 매끄러운 말솜씨를 중요하게 여긴다. 그렇다면 진정한 스피치의 가치는 어디에 있을까? 물론 정확한 메시지 전달과 설득의 효과를 높이기 위한 말하기의 훈련도 필요하다. 그러나 주객이 바뀌는 말하기와 가치의 관계는 조심해야 한다. 알맹이가 없는 매끄러운 말에 현혹되어 엉뚱한 사람이 피해를 봐서는 안 된다는 것이다.

예전에 「아시아 갓 탤런트」라는 오디션 프로그램에 나온 55세의 한국 여성 한복희 씨가 화제가 된 적이 있다. 심사위원이 영어로 어디에서 왔느냐고 물으니 "코리아"라고 간단하게 대답한 그녀는 이어서 차분하게 한국어로 이야기했다. 음악이 자신에게 어떤 것이냐는 질문에 그녀는 음악은 좋은 친구와 같은 것이라 대답했다. 천식으로 아픈 몸으로 몇 해를 보냈는데 그동안 음악이 치유의 힘을 보여준 다정한 친구였다는 것이다.

화면에 나온 그녀의 모습은 당장이라도 동네 골목길에서 볼 수 있는 수줍은 50대의 아주머니였다. 휘황찬란한 외국의 오디션 무대에 선 사람으로 보이지 않고 마치 전국노래자랑에 나온 이웃을 떠올리게 했다. 말이 통하지 않는 심사위원과 그녀의 소통은 화려한 말솜씨가 끼어들 여지도 없었다. 그다지 매력적인 외모도, 화려한 말솜씨도 보여주지 못하는 그녀였다. 그런데 한 심사위원은 그녀의 이름을 부르는 대신에 '아름다운 여인'이라 불렀다. 무엇이 그 심사위원의 마음을 움직였을까.

소개가 끝난 뒤에 그 '아름다운 여인'은 노래를 불렀다. 에디트 피아프의 「아뇨, 난 아무것도 후회하지 않아요Non, je ne regrette rein」를 부르는 그녀의 노래는 떨리면서도 깊고 넓은 성량으로 울려 퍼졌다. 마치 에디트 피아프가 환생한 게 아닌가 하는 착각이 들 정도였다. 나는 그때 아름다움이 무엇인지 생각했다. 동안 미모와 날씬한 몸매를 가진 사람에게 아름다운 여신이라는 표현을 주저하지 않고 붙이는 우리 사회에서 한복희 씨는 그 기준에 도달하지 못한다. 그러나 나뿐만 아니라 심사위원들을 비롯한 수많은 사람이 50대의 아주머니가 부르는 노래에 넋이 빠져 듣고 있었다. 그리고 참으로 아름답구나 하는 생각을 가졌을 것이다.

아름다움은 눈으로 보는 젊음과 화려한 외모만이 아니다. 몸이 아프고 나이가 들어도 주눅이 들지 않고 자신이 하고 싶은 일에 도전하는 당당한 자세가 아름답다. 세상의 속물적인 가치보다 고귀한 가치, 개인의 욕심보다 헌신의 가치 등을 가진 사람은 아름답다. 그 가치를 보여주는 사람이 아름다운 존재이다.

심사위원들은 그녀의 노래가 끝나자 놀라움에 입을 다물지 못했다. 그리고 "노래가 시작되는 순간, 그녀는 한 마리의 애벌레에서 한 마리의 나비로 화려하게 변신"했다고 칭찬했다. 노래를 잘하는 사람들은 많다. 또 세계적인 오디션이니 참석자들은 저마다 노래의 달인일 것이다. 그러나 심사위원들은 노래의 기교보다 그녀의 아름다운 내면의 가치를 느꼈다. 진정 애벌레가 나비로 변하는 순간이었다.

비언어적 행위까지 신경 쓰자

메시지를 전달할 때 말이 차지하는 비율은 전체의 7%뿐이다. 미국의 사회심리학자 엘버트 메라비언은 저서 『침묵의 메시지』에서 메시지 전달에서 말이 차지하는 비중은 고작 7%에 불과하다고 했다. 그리고 음조, 엑센트, 억양 등 유사 언어가 38%를 차지하며 눈을 맞추거나 손짓, 몸짓, 표정 등의 비언어적 요소가 55%를 차지한다고 설명한다. 즉 말, 청각, 시각의 비율이 각각 7 : 38 : 55라는 것이다.

청각도 말처럼 소리로 나오는 것이니 비언어의 중요성을 55%로 국한시킨다고 해도 상당한 비중을 차지한다. 또 최근에는 유사언어는 말보다 비언어적 요소와 짝을 이뤄 작용할 것이라는 가설이 점점 설득력을 얻고 있다고 한다. 그렇다면 언어적인 요소는 고작 7%라고 하니 말만 잘한다고 해서 말하기의 목적을 달성할 수 있는 게 아니라는 것을 확인할 수 있다.

말을 제외한 93%의 요소를 무시한 채 효과적인 메시지 전달을 기대할 수는 없다. 스피치의 구성 요인을 음성, 콘텐츠, 이미지와 몸짓언어라고 한다면 콘텐츠를 제외한 음성이나 몸짓 등의 93%를 얼마나 효과적으로 활용할 것인가는 매우 중요한 스피치의 과제가 된다.

4분 안에 첫인상이 결정된다

비언어 행위 연구의 권위자인 버드 위스텔 박사는 처음 만나는 사람의 경우, 4분 안에 첫인상의 60~80%가 결정된다고 했다. 요즘 각종 면접을 앞둔 사람들이 외모를 신경 쓰고 심지어 성형까지 하려는 이유도 따지고 보면 이런 이유 때문이다. 면접에 답변할 내용은 각종 자료와 조사를 통해 꼼꼼하게 준비했지만 첫인상을 결정지을 의상, 자세, 표정, 걸음걸이 등을 등한시하면 긍정적인 인상을 줄 수 없다. 아무리 똑똑하게 답변해도 첫인상이 좋지 않으면 귀를 기울여서 들을 가능성이 낮아진다는 얘기다.

미국의 과학 저널리스트인 대니얼 맥닐은 『얼굴』이라는 저서에서 비언어적 요소의 중요성을 강조했다. 그는 객관적이고 공평하고 논리적이어야 하는 법정에서조차 미소를 짓는 피고인에게 좀 더 가벼운 형량이 내려진다고 말했다. 설전이 벌어지는 법정에서 미소라니. 자칫 엄격한 법정에서 감점 요인이 될 수 있다고 생각했는데 뜻밖에 옅은 미소를 짓는 표정이 검사와 판사의 마음을 다소 누그러뜨릴 수도 있다는 게 놀라울 따름이다. 그만큼 비언어적 요소가 논리적인 말보다 더 강력한 영향을 미친다는 것을 알 수 있다. 아무리 좋은 말이라도 비언어적인 요소가 부정적으로 비치면 메시지 전달 효과는 반감될 수 있다.

예전에 한 목사님이 설교하는 모습을 TV로 본 적이 있다. 그분은 세례를 받을 아이들의 명단이 적힌 주보를 들고 있었다. 목사님은 아이들을 둘러보면서 이 아이들이 얼마나 귀한 보물과도 같은 존재냐고 이야기를 하고 계셨다. 그런데 순간 내가 뭔가 잘못 본 줄 알았다. 목사님은 아이들에 대해 좋은 말씀을 하시는 동안 한 손에 주보를 들고 다른 손의 손가락을 꼬아 튕기면서 주보를 탁탁 치고 있었기 때문이다. 만약 오디오가 나오지 않았다면 충분히 다른 뜻으로 해석했을 몸짓이다. 뭔가 좋지 않은 이야기를 하거나 누군가를 비난하는 것이라고 여겼을지 모른다. 마치 "이게 뭐야! 이런 짓을 해도 되는 거야!"라고 꾸짖는 것이라고 오해해도 전혀 이상하지 않을 몸짓이었다.

몸짓은 이처럼 다양한 해석을 낳게 하는 소통의 표현이 될 수 있다. 미국의 연방수사국인 FBI에서 25년 동안 수사관으로 활동했던 조 내버로는 『FBI 행동의 심리학』에서 "본능이 드러나는 보디랭귀지"를 강조하고 있다. 즉 나도 모르게 표정과 몸짓에서 나의 의사가 드러난다는 것이다. 그의 책에는 다음과 같은 사례가 나온다. 조 내버로는 미국의 애리조나에서 젊은 여성이 성폭행당한 사건을 수사한 적이 있었다. 그는 유력한 용의자를 조사했다. 하지만 용의자는 매우 완강하게 범인이 아니라고 주장했다. 용의자는 피해자를 본 적이 없다고 했다. 들에서 목화밭 길을 따라가다 왼쪽으로 돌아서 집으로 들어갔다고 매우 구체적으로 진술했다. 그런데 조 내버로는 용의자가 왼쪽이라고 말하면서 무의식적으로 손이 오른쪽을 가리키는 것을 봤다. 그 방향은 성폭행이 일어난 현장으로 가는 길이었다. 조 내버로는 용의자의 말이 거짓임을 간파하고 결국 범행을 자백받았다고 한다.

비언어적 요소는 상당한 정보를 제공해주는 역할을 한다. 때로 범죄 용의자처럼 말로 하지 않아도 속내가 드러날 수 있다. 또 앞서 말한 목사님처럼 전혀 다른 엉뚱한 의미로 해석되어 오해의 여지를 줄 수도 있다. 시선, 태도, 몸짓 등 비언어적 표현만으로도 의미 전달이 가능하다. 눈빛만 봐도 알 수 있다는 말이 괜히 나온 게 아니다. 따라서 나도 모르게 나오는 몸의 습관이나 표정도 점검할 필요가 있다.

말보다 행동이 중요하다

방송을 진행하다 보면 수많은 사람을 만난다. 특히 몸이 불편한 사람이나 어려운 여건에서도 자신의 일이나 사명을 포기하지 않는 사람이나 말이 잘 통하지 않는 외국인 근로자 등을 만날 때는 소통에 대해서 다시 한 번 생각하게 된다. 말과 글처럼 뚜렷하게 자신의 의사를 표현하는 소통보다 몸짓이나 행동의 소통은 좀 더 깊은 인상을 줄 때가 있다. "말보다 행동"이라는 말처럼 때로 행동만으로도 더욱 강렬한 느낌을 받기도 한다.

방송이 끝나면 대부분 고개를 숙여 서로 인사를 한다. "감사합니다."라고 하며 인사를 나누는데 한번은 시각장애인이 출연자로 나온 적이 있다. 그분은 내가 인사하는 모습을 볼 수 없으니 손을 덥석 잡고 인사를 했다. 또 두 팔을 잃은 조선족 동포가 출연했는데 그분은 아예 손을 잡을 수 없어 안아 드렸다. 손을 맞잡거나 포옹을 하는 것만으로도 충분히 감사하다는 의미가 전달됐을 것이다.

가끔 수화하는 분들을 보면 일상에서 우리가 흔히 보는 대화의 장면과는 약간 다르다. 그분들은 풍부한 표정을 지으며 수화를 한다. 얼굴만 봐도 기쁜 이야기를 하는지 혹은 슬픈 이야기인지를 알 수 있을 만큼 얼굴에 감정을 실어서 표현한다. 소리가 들리지 않아도 표정만으로도 충분히 의사 전달이 이루어지는 것이다.

말하는 과정에서 내가 표현해야 하는 비언어적 요소에 신경을 써야 하는 만큼이나 상대의 표현에도 주의를 기울여야 한다.『FBI 행동의 심리학』에서 조 내버로는 심리학자 대니얼 골먼의 연구 결과를 소개했는데 비언어 커뮤니케이션을 잘 읽고 해석해서 대응하는 사람이 그렇지 않은 사람보다 더 성공할 가능성이 높다고 했다.

비언어적 소통은 말보다 더 진한 감성적 소통을 이루게 한다. 한번은 손자와 손녀를 키우는 할머니를 방송에서 만난 적이 있다. 몸도 편찮으신데다가 경제적으로도 어려움을 겪는 분이었다. 방송이 끝난 뒤에 내가 할 수 있는 것이라곤 그저 고단한 삶을 위로해주는 포옹밖에 없었다.

"아이고, 아주 좋네. 우리 할아버지도 날 안아주지 않는데……."

그분은 소녀처럼 함빡 웃으셨다. 할머니에게 필요했던 것은 사랑과 위로의 소통이었던 것이다.

많은 리더가 얼굴에 미소를 짓고 사람들과 일일이 악수를 하며 어깨를 감싸는 것을 보고 스킨십이라는 표현을 한다. 그러나 나는 이런 행동을 스킨십이 아니라 '소통의 리더십'이라고 말하고 싶다. 의례적으로 하는 악수와 포옹이 아니라 손을 꼭 맞잡고 어깨를 감싸는 것은 상대를 포용하고 이해하겠다는 의사표현이다. 또 아랫사람이라 해서 수직적인 관계로 보지 않고 수평적인 관계로 함께하겠다는 뜻도 포함된다. 즉 섬김의 리더십이 묻어나는 비언어적 소통을 보여주는 것이다.

바디랭귀지를 활용하자

어느 부잣집 마나님이 힘들게 살아가는 사람들을 위해 봉사를 하러 왔는데 손가락에는 큼직한 다이아몬드 반지에다가 옷도 딱 보기에 고급으로 보이는 의상을 입고 왔다. 그리고 인사말로 겸손과 배려를 말한다. 과연 듣는 사람들의 기분은 어떨까?

실상은 이랬다. 이 분은 이곳에 오기 전에 하필이면 결혼식에 가야하는 일정이었는데 시간이 촉박해서 미처 옷을 갈아입지 못하고 온것이다. 그러나 사람들은 이런 사실을 모른다. 인사말이 아무리 좋아도 이미 사람들은 그분의 평소 생각과 가치관을 짐작해 버리고 말았을 것이다. 겸손이 아니라 자기과시를 즐기는 사람이라고 말이다. 그렇기 때문에 말로 표현하는 것 이상으로 옷이나 장신구와 같은 비언어적인 것에 대해서도 나름 신경을 써야 한다. 꽃단장하라는 게 아니라 외모나 옷, 표정과 몸짓, 서로의 거리 등 비언어적 표현이 소통에 상당한 영향을 끼치는 것이니 상황에 맞게 점검하라는 뜻이다.

소통에서 메시지 전달은 다양한 방식으로 전달된다. 메시지만 중요하다면 그저 글로 적어서 보여주면 그만이다. 그러나 좀 더 설득력을 갖기 위해서는 텍스트만 아니라 청각적·시각적 요인을 활용하여 메시지를 전달한다. 상대방이 말하는 것을 가만 들어보면 특정 단어를 유독 강조하는 경우에는 그 부분이 중요하다는 뜻이다. 또 왠지 가쁜 호흡으로 떨리는 목소리라면 상황이 급하거나 말하는 사람이 불안하다는 뜻이다.

목소리의 크기와 높낮이는 금세 현재 상황을 설명할 수 있는 신호가 될 수 있다. 불미스러운 상황에서 "전 괜찮습니다."라고 말하는데 얼굴은 붉으락푸르락하고 큰 목소리로 거칠게 말한다면 곧이곧대로 들릴 리가 없다. 몸과 마음은 서로 연결되어 있다. 생각과 다른 말을 하더라도 몸에서 나타나는 반응은 마음을 그대로 반영하여 나타난다.

비언어적 소통도 신경 써야 한다

영국의 에드워드 8세가 왕자였을 때 일본 왕자 히로히토가 영국에 방문했다. 그때 두 사람은 함께 정장을 맞췄다. 그런데 에드워드 8세는 일본 왕자가 귀국한 뒤에 어떤 파티에 일본인 노동자의 옷을 입고 참석했다고 한다. 말하자면 일본 왕자가 유럽인을 흉내 내서 정장 양복을 입은 것이나 자신이 일본인 하층민을 흉내 내는 것이나 똑같이 우스운 일이라는 의미로 그랬던 것이다. 누가 봐도 인종차별이었다.

옷은 상당한 메시지를 전달하는 간접수단이 되기도 한다. 미국의 전 국무장관이었던 올브라이트는 자신의 옷에 달린 브로치로 의사를 표시하곤 했다. 미국의 위력을 대외적으로 과시할 때는 성조기나 독수리 모양의 브로치를 달고 시계 모양이 붙어 있는 브로치가 착용할 때는 시간을 고려하여 대화하는 것을 바란다는 의미였다고 한다. 남자들도 옷이 중요할 때가 있다. 중요한 협상을 공개적으로 할 때 너무 자유로운 복장은 결례에 가깝다. 심지어 상대는 이런 옷차림을 보고 자신을 무시한다고 여길 수도 있다. 본격적인 대화와 소통이 이루어지기 전에 협상이 어그러지고 만 셈이다.

뉴스를 전하는 앵커도 매번 옷매무새와 머리 모양 등을 다듬는다. 뉴스를 진행하는 아나운서는 뉴스의 내용 전달이 가장 중요하다. 그리고 그 전하는 사람이 신뢰할 만한 사람인가 또한 중요하다. 그 신뢰도에 따라 앵커가 전하는 말은 무조건 사실이고 진리라고 믿는 경향이 있기 때문이다. 그래서 뉴스의 가치에 신뢰를 더할 수 있는 복장을 선호한다. 단정한 머리, 소박한 장신구, 깔끔한 톤의 정장 등을 입는 이유도 이렇듯 전략적인 비언어적 소통을 위한 것이다.

강연을 듣는 청중의 비언어적인 태도는 강연자에게 심리적 영향을 크게 미친다. 강의하다가 청중 가운데 눈을 감고 있는 사람이 있으면 강사의 마음이 조급해진다. "나는 이 강연에 별 관심이 없어요."라는 것을 굳이 말이 아니라 행동으로 보여주는 듯해서 긴장하는 것이다. 반면에 고개를 열심히 끄덕거리며 메모까지 하는 사람이 있으면 힘이 저절로 난다. 저 사람은 강사가 무슨 말을 하는지 깊은 관심을 기울이고 있다는 것을 느끼게 되기 때문이다.

말하기에 능숙한 사람은 말솜씨만 뛰어난 게 아니다. 시선 처리도 매우 자연스럽다. 말하는 게 서툰 사람은 미리 준비한 원고만 바라본다. 또는 청중이나 상대의 눈을 맞추지 못하고 벽에 걸린 시계나 창문 밖으로 보기도 한다. 말하는 사람이 이런 태도를 지니고 있으면 듣는 사람은 화자의 메시지까지도 신뢰하기가 어렵다.

협상의 자리에서도 마찬가지이다. 정말 중요한 자리이고 또 상대를 설득해야 한다면 말과 함께 절박하고 진실한 눈빛과 표정이 함께 전달되어야 한다. 말로는 중요하다고 강조하는데 정작 표정과 눈빛이 심드렁하다면 의심을 살 수도 있다. 자신의 진정성을 믿어달라고 말을 하면서 똑바로 바라보지 못하는 사람을 어떻게 믿을 수 있겠는가.

이러한 모든 것을 종합해볼 때 필요없는 오해를 불러일으키지 않으려면 부정적인 느낌이 드는 비언어적 표현의 습관은 고치는 것이 좋다. 자주 팔짱을 낀다는 것은 지나친 긴장과 방어를 뜻한다. 그리고 손가락으로 책상을 두드리는 것도 초조함을 드러내는 것이다. 또 위에서 아래를 내려다보듯 말하는 것은 자칫 깔보듯 하는 인상을 준다. 시계를 자주 본다거나 앉은 자리에서 엉덩이를 들썩거리는 것도 더는 이야기를 하고 싶지 않다는 의사표현으로 해석될 수 있다.

비언어적 표현을 주의해야 하는 것은 우리 사회의 변화와도 관련이 있다. 우리 사회도 이제 다문화 사회로 바뀌고 있다. 단일한 문화적 정서에서 살아온 우리도 이제 여러 문화권에서 온 사람들과 더불어 사는 문화에 익숙해져야 한다. 예를 들어 어떤 문화권에서는 친근함을 나타내는 행위가 다른 문화권에서는 상당한 불쾌감을 불러일으킬 수도 있기 때문이다.

비언어적 표현은 언어로 하는 소통을 대신하는 효과도 있을 뿐만 아니라 말로만 전달하는 것을 보완해주는 역할을 한다. 말이 통하지 않는 외국인과 의사소통을 할 때는 비언어적 표현으로 가장 핵심적인 내용만을 전달하는 경험을 할 때가 있다. 아주 단순하고 직관적인 비언어적 표현이 소통을 가능하게 하는 것이다.

상대방이 말하지 않는 소리를 들어라

가끔 대화하다가 눈을 잘 못 맞추고 시선이 불안정한 사람을 보면 마음이 불편하다. 무엇을 감추는 것인지, 아니면 대화하기 싫다는 것인지 알 수가 없다. 소통할 때는 가급적 시선을 맞추는 게 좋다. 일대일 소통뿐만 아니라 다중을 대상으로 하는 강연에서도 여러 번 많은 사람의 눈을 맞추며 강연하면 훨씬 집중도가 좋아진다.

악수할 때 상대방을 바라보는 시선은 눈높이에 맞춰 바라보고, 또 자신이 약간 아래에서 위를 바라보는 듯 겸손한 자세가 좋다. 또 간단한 악수를 나누는 인사라 해도 눈빛으로 "당신을 만나서 참 기쁩니다."라는 마음이 묻어나는 시선으로 상대를 정성껏 바라본다. 눈빛만 봐도 알 수 있다는 말이 괜히 나온 게 아니다. 악수할 때 가장 피해야 할 것은 악수하면서 시선은 벌써 다른 사람을 바라보는 것이다. 상대방은 무안하고 무시당하는 기분을 떨칠 수 없다. 진정성을 느낄 수 없다. 심한 경우 한쪽 손을 바지 주머니에 넣은 채 나머지 한 손으로만 악수하는 정치인도 보았다. 거만하기 짝이 없어 보인다. 설사 그런 의사가 없었다면, 의도하지 않은 실수로 상대의 마음을 서운하게 할 필요가 없다.

친밀감을 드러내는 것 중에서 거리의 조절도 중요하다. 이야기하는 사람끼리 얼마나 거리를 유지하는지는 서로의 친밀도를 가늠하는 기준이 될 수 있다. 따라서 거리도 조절하여 괜한 오해를 피하거나 활용할 수 있어야 한다. 연인들은 가까이 붙어 있으면서 친밀감을 드러낸다. 그러나 직장에서 남녀 직원끼리 너무 바짝 붙어 있으면 괜한 오해를 받을 수 있다.

비언어적 표현의 소통이 미숙할 때는 숱한 오해를 낳는다. 반면에 적절하게 표현되었을 때는 더욱 매끄럽게 하는 윤활유 역할도 한다. 양날의 검인 셈이다. 두 사람의 세일즈맨 사례로 봐도 알 수 있다. 한 사람은 구부정한 태도와 힐끗거리는 시선으로 손님을 대한다. 이런 모습은 마지못해 물건을 팔러 왔다는 식이다. 이런 세일즈맨에게 물건에 대해 요모조모 물어본들 친절하고 상세하게 대답할 것이라는 기대를 하지 못한다. 또 다른 사람은 아주 밝은 모습으로 활짝 웃는다. 물건에 대해 설명하기도 전에 소통의 끈이 이어지는 효과를 준다. 말을 다소 못해도 상관이 없다. 필요한 말은 정확하게 하면서 최선을 다하려는 눈빛과 태도를 보여주니 신뢰가 간다.

성공한 사람들의 공통점은 얼굴에서 자신감이 엿보인다는 것이다. 겸손하고 부끄러워하는 모습을 짓더라도 자신의 분야와 관련한 이야기를 할 때면 말을 많이 하지 않아도 충분히 신뢰가 갈 만큼 자신 있는 표정을 짓는다. 그들의 표정과 눈빛만으로도 충분히 성공 스토리에 대한 믿음이 생긴다. 미국의 하버드대 비즈니스 스쿨 교수이자 사회 심리학자인 에이미 커디는 비언어적인 표현인 신체 언어는 인간의 본능이고 그 본능을 어떻게 조절하느냐에 따라 메시지의 효과적인 전달은 물론이고 자신의 생각과 행동까지 바꿀 수 있다고 했다.

그러면서 입사시험을 보기 위해 대기하는 사람들의 모습에 대해 이야기한다. 등을 구부정하게 하고 스마트폰을 들여다보며 초조한 모습을 보이는 사람은 그리 좋아 보이지 않을 뿐더러 뽑힐 가능성도 없다는 것이다. 그러므로 일부러라도 자리에서 일어나 큰 대자로 팔을 쭉 펴거나 두 손을 허리에 놓는 원더우먼 자세를 해보는 것이 자신감을 주는 데 도움이 된다고 말한다. 시각장애인인 달리기 선수도 결승점에서는 승리의 V 자를 그리는 걸 보면 두 팔을 높이 쳐드는 것은 승리와 자신감을 나타내는 비언어적인 언어가 될 수 있다.

비언어적 표현이 서툰 사람은 여유를 가질 필요가 있다. 잠시 호흡을 가다듬으며 여유를 찾으면 자연스러운 표정과 눈빛을 가지게 될 것이다. 목소리뿐만 아니라 눈빛, 표정, 태도에서 자신의 메시지를 전달할 수 있는 훈련도 해야 한다. "당신과 소통하는 게 너무나 기쁘고 영광입니다"라는 의미를 담을 수 있는 눈빛과 태도를 갖추고 있는지 연습해본다. 가끔 거울을 보거나 스마트폰으로 자신이 말하는 모습을 촬영하면서 살펴보는 것도 좋은 방법이다. 시선과 표정을 살펴보고, 혹시라도 나도 모르게 다리를 떤다거나 하는 잘못된 습관을 가지고 있는지 확인해보는 것이다.

미국의 경영학자 피터 드러커는 "의사소통에서 가장 중요한 것은 상대방이 말하지 않은 소리를 듣는 것이다."라고 했다. 말 속에 담긴 뜻을 읽어낼 수 있는 가장 좋은 방법은 말이 아닌 다른 표현의 참뜻을 알아내는 것이다. 말 뒤에 숨어 있는 의도를 알기 위해 서로가 비언어적인 표현을 주의 깊게 살펴보고 그 뜻이 무엇인지 가늠하려 애를 써 보도록 하자.

큰소리로 책 읽기를 하자

　최근 책 읽어주기가 새롭게 관심을 끌고 있다. 교육부, 교육청, 언론사가 함께 캠페인을 벌이고 있다. 특히 아빠가 책을 읽어줄 때 그 효과가 더 크다고 말한다. 이러한 필요는 아마도 학교에서 낭독하는 것을 보기가 어려워졌기 때문이 아닌가 싶다. 입시 위주의 수업을 하는 동안 책을 소리 내 읽는 시간은 거의 없다. 그나마 책 읽기를 배울 수 있는 것은 초등학교가 전부라 할 수 있다.

　학창시절에 책 읽기, 즉 낭독의 경험을 제대로 가지지 못하다가 대학이나 직장에서 갑자기 사람들 앞에서 발표할 때는 매우 당황한다. 축사, 발표, 보도, 연설 등 직업과 상황에 따라 낭독을 해야 하는 경우가 많다. 그러나 워낙 경험이 없으니 무미건조하게 읽는 것조차 제대로 하지 못한다. 당장 대학입시에서 자기소개할 때와 취업에서 면접을 볼 때는 마음이 급하다. 그제야 스피치 학원을 찾아 짧은 시간 동안 실력 향상을 바라지만 그렇게 쉽게 교정이 될 리가 없다.

　우리나라 학생들은 교실에서 책을 읽는 것도 그냥 자리에서 일어나 몇 페이지씩 읽는 것으로 그친다. 전문적으로 책을 큰 소리로 읽는다는 프로그램에 따른다고 볼 수는 없다. 초등학교 저학년뿐만 아니라

중고등학교 때까지 읽고 발표하며 토론하는 것이 지속적으로 이어지지 않기 때문이다.

미국은 초등학교 때 '크게 읽기Read Aloud'라는 수업이 아예 따로 있다. 간단한 간식을 먹으며 교사가 아이들에게 책을 읽어주며 올바르게 읽는 법을 배운다. 아이들은 자연스럽게 소리와 표현에, 그리고 스토리에 익숙해지고, 정확하게 읽는 법을 터득하는 것이다.

낭독의 효과는 KBS 아나운서를 했던 김상준 교수의『방송언어연구』와 김은성 아나운서의『이 남자가 말하는 법』에도 중요하게 강조하고 있다. 두 사람은 공통적으로 낭독이 그저 원고를 국어책을 읽듯이 하는 것으로 그쳐서는 아무런 효과가 없다는 기초적인 원칙을 잘 설명하고 있다.

정확한 억양이 명확한 의사전달을 가능케 한다

말은 정확한 억양에 따라 듣는 사람들의 반응이 달라진다. 아무리 좋은 원고를 준비한 연설이라 해도 '국어책 읽듯이' 연설을 하면 아무런 감흥이 없다. 방송계에 있는 사람이나 정치인 말고도 수많은 직장인이 낭독의 순간에 얼마나 잘 읽느냐가 성공의 관건이 된다.

가장 훌륭한 낭독은 원고가 없이 자연스럽게 말하는 것처럼 보이는 것이다. 라디오 방송에서 전문 진행자가 하는 멘트는 매우 자연스럽다. 평소에 유사언어를 통해 훈련되어 있어 옆 사람에게 대화하듯 자연스럽고 매끄럽다. 유사언어는 말하는 속도, 크기, 톤의 높이와 쉼pause 등을 말한다. 똑같은 원고를 줘도 사람에 따라 읽는 속도, 성량, 띄어 읽기 등이 제각각이다. 이 모든 것을 합쳐서 '억양'이라 하는데 억양에 따라 낭독의 효과는 아주 큰 차이를 보일 때가 많다.

가장 이상적인 억양은 적절한 오르내림이 있는 파도 모양을 갖춘 것이다. 적절한 오르내림은 자연스럽고 부드럽게 들리는 효과가 있다. 내가 볼 때 요즘 젊은이들의 말을 가끔 이해하기 어려운 이유가 이런 오르내림이 어색하기 때문이다. 자꾸 올리는 억양만을 구사하거나 적절치 않은 곳에서 올리고 내리는 바람에 뜻이 잘못 왜곡되기도 한다. 또 귀에 거슬릴 만큼 매끄럽지도 않다. 젊은 사람들도 기성세대들의 화법이 어색하기는 매한가지이다. 자신들이 즐겨 구사하는 억양이 아니기 때문이다.

지금 세대 간의 억양 차이로 소통의 껄끄러움을 좀 과장되게 비유를 하자면 과거의 영화를 보는 것을 떠올리면 된다. 아주 오래전 영화를 보면 "영희! 오늘 차나 한 잔 마실까?"라고 하는 배우의 대사를 들으면 우스꽝스러울 때가 있다. 남자배우와 여자배우의 억양이 지금과는 사뭇 다르다.

세대 간의 억양 차이가 있다고 해도 함께 유념해야 하는 것이 있다. 자연스럽게 들릴 수 있는 억양을 익혀야 한다는 것이다. 가장 먼저 한 호흡에 가능한 한 많이 읽는 것이 중요하다. 너무 짧게 읽거나 말을 하면 아무래도 툭툭 끊기는 느낌이 들어 듣기가 껄끄럽다. 한 번 크게 숨을 들이쉰 뒤에 조금씩 내쉬면서 긴 호흡으로 낭독하는 것이 필요하다. 그렇다고 쉬지도 않고 계속 읽을 수는 없다. 그래서 억양도 단위를 나눠 '쉼', 즉 짧게 끊어주는 순간이 있어야 한다.

한 억양의 단위는 전하려는 정보의 단위이다. 한 문장이 끝나면 억양을 완전히 내리고 숨을 한 번 쉰다. 충분히 쉬는 순간을 가지는 것이다. 그 중간에 절_{clause}이 끝나는 곳에서도 짧게 쉬고 구_{phrase}가 끝날 때도 좀 더 짧게 끊어서 읽는다. 중요한 정보나 연설 대목을 강조하려면, 그 내용이 나오기 직전에 잠시 쉬는 것도 효과적이다.

보통 문장 끝에 쉬는 길이는 대략 2초 정도면 충분하다. 그리고 절이 끝날 때는 1초 정도 쉬고 구가 끝날 때는 2분의 1초 정도 쉰다. 쉬는 것도 길이의 조절이 필요하고 그 길이가 말의 전달을 효과를 좀 더 입체적으로 살려준다. 예컨대 다음 문장을 따라해 보자. 쉬는 순간을 '#'으로 표시하여 읽어보는 것이다.

"#죄는 미워도 #사람까지 미워할 수는'없다#."
"#아주 몹시 추운 날 #불쌍한 성냥팔이 소녀는 #얼어 죽고 말았다."

억양은 어느 부분에서 끊어 읽느냐에 따라 의미가 완전히 달라질 수 있다. 예를 들어 "아름다운 여인의 마음씨"라는 문장을 읽을 때 "아름다운 #여인의 마음씨"와 "아름다운 여인의 #마음씨"는 아름다운 것의 대상이 달라진다. 전자는 '마음씨'가 아름다운 것이고 후자는 '여인'이 아름답다는 뜻이다. 뜻이 완전히 달라지는 것이다.

동력과 독력의 힘을 깨닫자

억양은 파도 모양이 됐을 때 가장 이상적이라고 했다. 한 어미를 올렸다가 그다음 어미는 내리는 식이다. 그러나 문장이 끝날 때는 일관적이어야 하는데 반드시 끝까지 내려야 한다. 뉴스를 읽을 때는 올라가는 억양을 거의 들을 수가 없다. 이때 내리는 정도를 평지를 0으로 보는 것부터 시작해 −1, -2, -3, -4 로 표시해 보도록 하겠다. 문장이 끝날 때는 '-4'까지 억양이 내려가고, 절이 끝날 때는 '-2', 구는 '-1' 정도 내린다.

완급조절도 중요하다. 연설이나 낭독을 잘하는 사람들은 완급조절이 뛰어나다. 크거나 작게 말하는 것과 속도 조절이 능숙하다. 예컨대 강조할 내용이 나오면 그 부분을 크고 천천히 말한다. 또 강조하는 단어를 말하기 직전에는 살짝 쉬면서 긴장감을 높이기도 한다. 그러다가 강조하는 단어를 좀 더 큰 소리로 톤을 높여서 천천히 또박또박 말을 하니 청중들은 열광하게 되는 것이다.

자연스러운 억양의 습관을 가지고 낭독을 잘하기 위해서는 '동력動 力'과 '독력讀力'의 훈련이 필요하다. 동력은 많은 원고를 읽을 수 있는 능력을 말한다. 짧은 5분짜리 연설을 할 때와 20분짜리 연설을 할 때 시작과 끝이 같은 힘으로 이뤄져야 한다. 원고가 길다고 해서 피곤해져 억양에 힘이 실리지 않은 연설은 실패작이 되고 만다.

독력은 원고에 대한 이해 능력을 뜻한다. 내가 말할 내용이 무엇인지 알고 말하는 것과 그렇지 않은 경우는 억양의 차이가 생길 수밖에 없다. 베테랑 아나운서는 많은 뉴스 아이템이 들어와도 재빨리 원고의 내용을 이해하고 숙지하여 자연스럽게 읽는다. 하지만 초보 아나운서는 일일이 원고를 보면서 띄어 읽기를 표시하고 연습을 한다. 그렇게 연습을 해도 국어책 읽는 태를 벗어나기가 어렵다. 동력과 독력은 한순간에 얻을 수 있는 게 아니다. 많은 시간에 걸쳐 연습과 훈련을 거듭한 후 비로소 갖추게 되는 특별한 능력이다.

동력과 독력을 향상시키는 훈련을 위해 몇 가지 예문으로 연습을 해보자. 예문의 띄어쓰기 표시(∨)는 호흡이 필요 없는 쉼을 뜻한다. 문장의 의미를 명확하게 하려고 쉬는 것이다. 순간적인 쉼에 이어 첫 음절에 힘을 주면 의미가 좀 더 분명해지는 효과가 있다. 사선(/) 표시는 숨을 쉬는 쉼이다. 문장 중간에 짧게 숨을 쉬고 문장 끝의 마침표에서는 충분히 숨을 쉬면서 다음 문장을 대비하는 것이다. 단어 가운데 있는 콜론(:) 표시는 길게 읽으라는 장음 부호인데 장음은 단음보다 2배 정도 길게 발음하면 된다.

예문 1)

예:부터 인간들은 고기잡이와 농사에 필요한/ 강이나 바닷가에 모여 살았다./ 그러나 물은 언:제나 ∨ 또 하나의 거:대한 장애물이기도 했:고,/ 그래서 물 위에 놓인 다리는 ∨ 인류가 존재하기 시:작한 시기와 함께/ 필연적으로 탄:생하기에 이르렀다./

낭독의 연습은 실제로 소리 내어 읽는 것이 가장 효과가 있다. 눈으로 읽는 것은 별로 도움이 되지 않는다. 띄어 읽기에 주의하며 소리를 내 여러 번 연습하면 입에 착 달라붙는다는 말의 뜻을 알게 될 것이다.

학생, 직장인, 심지어 계모임에서조차 연설의 기회는 있다. 그때 낭독의 힘은 커다란 효과를 발휘한다. 낭독은 억양과 호흡 등의 일정한 규칙에 따라 사뭇 다른 전달력을 가진다. 가장 훌륭한 낭독은 마치 원고 없이 말하듯 하는 것이다.

아름다운 목소리를 만들자

아나운서 시절 동안 '의사를 명확하게 전달하는 말하기'를 익혔다. 오랜 아나운서 시절을 거치다 보니 명확하게 말하기 위한 가장 기본이 되는 방법을 터득하게 된 것이다. 한국 사람이 한국말을 하지 못하는 경우는 없다. 그런데 말을 하는 것에 대해 두려움을 가지는 사람들은 생각보다 많다. 그냥 말을 하는 것과 의사를 정확하게 전달하는 것의 간극이 있기 때문이다.

말하는 것이 두려운 사람은 자신도 모르게 입을 작게 벌리고 웅얼거리듯 말한다. 상대방이 자신의 말을 잘 알아듣지 못하니 자꾸 말하기에 자신감이 없어진다. 그리고 이런 자신이 싫어서 아나운서처럼 말하고 배우려 해도 어떻게 해야 할지 잘 몰라서 답답하다. 사실 아나운서처럼 또박또박 발음하고 단어의 높낮이와 장단음 등 매우 세세한 부분까지 일상에서 훈련한다는 게 쉬운 일도 아니다.

그러나 좋은 목소리를 내면서 정확한 발음으로 말을 하는 것은 훈련으로 모두 가능하다. 잘못된 발음은 고치려고 노력해야 하고 입을 크게 벌리면서 각 단어의 음가를 정확하게 내는 것이 습관이 되도록 한다면 좋은 시작이 된다. 특히 말끝을 흐리는 잘못된 습관은 빨리 고치는 게 좋다. 말끝을 흐리는 사람은 뭔가 자신이 없어 보이고 자신의 말에 스스로 확신을 하지 못하는 것처럼 보인다.

많은 사람이 정확한 발음에 대해 모르고 있는 경우도 많다. 예를 들어 '의사' '민주주의의 의의' 등을 발음해보라고 하면 상당수가 틀린 발음으로 말한다. 발음이 틀리니 의미 전달도 정확하지 못하다. 그런데 발음이 문제가 되지 않는다고 생각하는 사람들이 많다. 한국말이니 알아들을 것으로 생각한다. 그러나 알아듣는다고 해도 정확한 의미 전달로 이어질까? 때로는 알아듣는다는 게 단어의 글자만 알아들을 뿐 전혀 다른 의미로 해석되기도 한다.

말하기의 기본은 발성이다. 정확한 발성이 명확한 메시지의 전달로 이어진다. 그리고 발성의 기본은 공명과 복식호흡이다. 이 두 가지만이라도 평소에 연습하면 정확하게 의사전달이 이루어질 수 있다.

공명과 복식호흡으로 좋은 소리 만들기

나는 높고 가느다란 목소리를 가졌다. 마이크가 없으면 목소리의 전달력이 떨어진다. 그래서 마이크를 사용하는 아나운서가 나의 천직이라고 우스갯소리를 한 적도 있다. 그러나 말하는 게 전문적인 직업인지라 단점을 보완하기 위해 많은 노력을 기울였다. 목에서 나는 소리보다 배에서 나는 소리를 내려고 훈련을 거듭했다. 굵고 낮은 목소리가 울림이 있기 때문에 남자처럼 소리를 일부러 낮추고 굵게 내보려고 노력했다.

높고 가는 목소리의 단점을 보완하려는 부단한 노력은 어느 정도 효과를 봤다. 그리고 다음 단계의 훈련이 기다리고 있었다. 정확한 발음을 철저하게 내는 것과 목소리에 세심한 감정을 싣는 것이다. 이런 훈련을 통해 목소리에 신뢰감이 더해질 수 있도록 했다.

목소리를 조절하는 것은 공명으로 이루어진다. 사람은 저마다 체격이 다른 것처럼 조음기관의 모양도 제각각이다. 그래서 한 단어를 말하더라도 악보에서처럼 정확한 음을 모두가 똑같이 낼 수 없다. 그래서 자신의 몸에 맞는 톤을 잡는 게 중요하다. 마치 목욕탕에서나 동굴에서 울리는 목소리처럼 울림이 있는 공명의 소리를 찾아야 한다. 목욕탕이나 공간에 울리는 목소리는 근사하게 들린다. 공기가 울리면서 나는 소리는 왠지 신뢰감을 높여주고 따뜻하고 안정된 느낌을 준다.

일본의 물과 파동의학 분야의 전문가인 에모토 마사루는 저서 『물은 답을 알고 있다』에서 같은 주파수는 서로 공명한다면서 소리굽쇠를 이용하여 검증한 결과를 보여준다. 그는 "두들기면 440헤르츠의 소리를 내는 소리굽쇠를 향해 같은 440헤르츠의 '라'음을 소리로 내어 충돌시키면 소리굽쇠는 저절로 '웅—'하고" 운다고 했다. 이것이 공명이라는 것이다. 그리고 "유유상종이란 말이 있듯이 같은 파동을 가진 것이 서로 끌어당겨 반응하는 것"이라면서 공명의 원리를 설명했다. 공명의 원리를 이용할 수 있다면 좀 더 효과적인 의사전달이 가능하다. '웅—'하고 상대방이 나의 목소리에 감응하는 것은 마음에서 진동이 울린다는 의미가 된다. 마음의 진동이 울리기 때문에 나의 메시지에 긍정적인 반응을 일으키는 것이다.

성악하는 사람들은 자신의 몸이 악기라고 여긴다. 몸에서 나는 소리가 공명을 일으킬 수 있도록 상당한 연습과 노력을 기울인다. 그래야 관객이 성악가의 목소리에 감응하면서 찬사를 보내기 때문이다.

몸 안에서 소리를 만들어내는데 악기인 몸은 비어 있는 공간이라고 생각하고 소리를 울린다. 스피치를 할 때도 마찬가지이다. 소리를 내 말을 만들어낼 때 상대방이 소리에 주의를 기울일 수 있도록 몸을 쓸 수 있어야 한다.

사람들은 저마다 체격이 달라서 몸 안의 비어 있는 공간도 제각각 이다. 각자에게 맞는 소리의 울림, 즉 공명의 발성을 방법을 찾아야 한 다. 우선 자신의 몸에 맞는 소리를 찾으려면 먼저 명치에 손가락을 대 고 누르면서 "아"라는 소리를 내본다. 이때 여러 단계의 높이와 크기 로 소리를 내다가 명치가 울리면서 편안하게 나오는 소리가 나에게 맞는 톤이다. 내 몸에 맞지 않은 너무 높은 소리는 목에서 쥐어짜내는 소리이다. 듣는 사람도 불편할 뿐더러 자신도 계속 이렇게 말을 하다 보면 무리가 따를 수밖에 없다.

배에서 나와 온몸을 울리며 나는 소리가 좋은 소리다. 폐에서 나온 공기가 성대를 진동시키고 조음기관인 입, 코, 머리를 울리며 나오는 것이 바로 좋은 소리이자 공명된 발성이다. 자신만의 공명 발성법을 찾는다는 것은 의사전달에 효과적인 나만의 발성을 가진다는 뜻이다. 그만큼 상대에게 독특하고 차별된 효과적인 의사전달 수단을 가지게 된다.

공명의 소리를 내기 위해서는 자신의 몸을 잘 활용해야 한다. 이때 가장 좋은 방법이 복식호흡이다. 배에서부터 나오는 소리를 이용하려 면 복식호흡이 자연스럽게 이루어져야 한다. 남성은 대체로 복식호흡 을 잘하는 편이라서 낮고 안정된 소리가 나온다. 반면에 여성은 흉식 호흡을 한다. 즉 가슴으로 소리를 내는 것이다.

나는 낮고 안정된 울림의 소리를 내려고 요가를 배웠다. 요가로 효과적인 복식호흡을 배웠는데 배에 주머니가 있다고 가정하고 훈련을 했다. 먼저 코로 천천히 숨을 들이쉬면서 배의 주머니를 채운다. 납작했던 주머니가 불룩해진다는 생각으로 배 안의 주머니를 부풀린다. 그리고 잠시 숨을 멈췄다가 이번에는 입으로 조금씩 숨을 내쉰다. 배 안의 주머니가 조금씩 납작해지도록 쥐어짜듯이 한다.

숨을 내쉴 때도 두 가지 방식이 있다. 뜨거운 물을 마실 때 "호호." 하며 부는 것이 있고 겨울에 유리창에 글씨를 쓰기 위해 입김을 서리기 위해 "하~" 하며 길게 내뱉는 것이 있다. 복식호흡은 길게 숨을 내쉬는 것이다. 후자의 경우처럼 "하~~" 하고 숨을 내쉰다. 때로 같은 방법으로 하되 입을 다물고 코로 내쉴 수도 있다.

복식호흡은 여러모로 도움이 된다. 좋은 소리로 말하는 것뿐만 아니라 말하기에 앞서 긴장을 풀어주는 효과도 있다. 의사들도 긴장하거나 상당한 스트레스를 겪었을 때 잠시 하던 일을 멈추고 호흡을 하는 것이 좋다고 말한다. 무대나 연단에서 처음 연설을 할 때는 복식호흡이 긴장을 낮추고 좋은 소리를 내는 데 상당한 도움을 주기 때문에 반드시 하는 것이 좋다.

좋은 자세가 좋은 소리를 낸다

1869년에 태어난 프레드릭 마티아스 알렉산더는 오스트레일리아 출신의 배우이다. 그는 20대 때 목과 성대에 이상이 생기는 바람이 연기를 그만두어야 하는 지경에 이르렀다. 의사들은 그저 말을 가급적 하지 말고 쉬라고밖에 하지 않았다. 하지만 연기를 계속해야 하는 그는 스스로 방법을 찾아 나섰다.

알렉산더는 몸의 이상이 도대체 무엇 때문인지 관찰했다. 가만 보니 자신이 말할 때 머리가 뒤로 젖혀지면서 후두부를 압박하는 바람에 목이 쉰다는 것을 발견했다. 마치 진공청소기를 사용할 때 연결 호스가 꺾이면 제대로 먼지를 빨아들이지 못하는 것처럼 호흡이 부자연스러웠던 것이다. 배에서 나오는 숨이 목의 성대를 거쳐서 혀와 입술로 구성된 조음기관을 거쳐야 하는데 배를 비롯해 조음기관 어디선가 꺾이거나 막히면 좋은 소리가 나올 수 없다. 또 꺾인 부분은 자극과 압박을 받게 되어 결국 상할 수밖에 없다.

그는 잘못된 습관을 고치고 편안하게 소리를 내는 방법을 찾아냈다. '알렉산더 테크닉'이라고 알려진 그의 방식은 올바른 자세로 좋은 소리를 내도록 도움을 준다. 연기자뿐 아니라 악기 연주자, 성악가, 연설과 강연자 등 말을 하는 사람들은 자세와 깊은 관련이 있다. 먼저 의자에 바르게 앉아 마음부터 안정시킨다. 이때 누가 척추를 위아래로 잡아당기는 듯 쭉 편다. 그리고 양쪽 어깨도 좌우 양옆으로 팽팽하게 당기듯 펴고 다리 고관절부터 무릎까지 바닥과 평행으로 한다. 무릎부터 발목까지 마치 땅속에서 직각으로 잡아당기는 느낌으로 펴서 자세를 안정시킨다.

머리 부분은 피곤이 쌓일수록 무거워진다. 무거워지는 머리는 나도 모르게 자꾸 숙이면서 목에 무리를 주기 때문에 머리를 풍선처럼 생각하며 아주 가벼운 느낌을 가져본다. 그런 다음에 머리도 고무줄을 달아 천장에서 당기듯 여기면 한결 가볍고 개운할 것이다. 이렇게 올바른 자세를 취하는 연습을 수시로 하면, 어느덧 몸에서 안정된 소리를 낼 수 있다. 만약 프레젠테이션이나 강연을 앞두고 읽기 연습을 할 때는 일어서서 연습하는 게 꺾이는 부분이 없어 더 좋다.

우리 몸은 악기다. 복식호흡을 통한 자신의 몸에 맞는 톤을 찾고 올바르게 몸을 사용하면 매력적인 목소리를 만들어낼 수 있다. 첼로나 베이스의 커다란 몸통에서 울려 나오는 깊고 우아한 소리처럼 말이다. 배에서 끌어올린 숨으로 자연스럽게 성대를 울리고 배로부터 입까지의 공간에서 공명을 이뤄 넓고 큰 목소리를 낼 수 있다. 알렉산더 테크닉은 실제 실험과 의학센터의 연구에서도 검증된 것이다. 1983년에 뉴욕의 콜롬비아 장로교회 의학센터에서 알렉산더 테크닉이 호흡 기능의 향상에 도움이 된다는 것을 실험으로 밝혀냈다. 그 밖에도 많은 과학자들이 알렉산더 테크닉이 과학적으로 인정받을 수 있다고 했다.

좋은 목소리를 내는 것은 올바른 자세를 유지하는 것뿐만 아니라 건강한 목소리를 유지해야 가능하다. 마구 소리를 지르는 행위는 가급적 삼가야 한다. 노래방에서 목청이 터져라 노래를 부르는 것은 스트레스를 풀지언정 목소리에는 도움이 되지 않는다. 또 중요한 스피치나 발표를 앞두고 있다면, 밀폐된 곳에서 말을 많이 하지 말아야 한다. 공기가 좋지 않고 건조해서 금세 목이 쉬게 된다. 찬바람이 부는 계절에도 목을 따뜻하게 감싸 보호하는 것은 당연하다. 이렇게 조심을 했는데도 목이 상하면 쇄골 사이에 쏙 들어간 곳인 천돌 부위를 꾹 눌러주는 지압을 해주는 게 좋다.

자기만의 초콜릿 톤을 찾자

초콜릿은 먹기도 전에 달콤한 느낌이 들게 하는 매력이 있다. 보는 것만으로 달콤하고 부드러운 느낌이 든다. 목소리도 듣는 것만으로 매력을 느끼게 하는 톤이 있다. 성우나 배우들의 목소리는 연기에 몰입할 수 있도록 해준다.

비록 연기자는 아니라도 일상의 대화에서나 중요한 협상의 자리에서 부드러운 목소리를 가진 사람들이 있다. 그들은 이른바 '초콜릿 톤'을 가진 사람들이다. 독일의 대화법 전문가인 마티아스 뇔케는『결정적 순간 나를 살리는 한마디 말』라는 책에서 '초콜릿 톤'을 소개하고 있다. 바로 크지도 작지도 않고 부드럽지만 적당한 힘이 실린 최적의 음높이를 말한다.

달콤하게 매력적으로 말하자

사람들은 저마다 체격이 다르다. 체격이 다른 만큼 목소리도 제각각이다. 각자에게 맞는 적정 높이의 초콜릿 톤도 똑같지 않다. 마티아스 뇔케는 각각 최적의 음높이를 말할 때의 목소리가 가장 공명이 크다고 한다. 공명이 크다는 것은 들기도 좋고 듣는 사람에게 감동을 줄 수 있다는 뜻이다.

초콜릿 톤을 찾았다면 그 소리의 효과를 더욱 키울 수 있도록 적절한 속도와 분량도 고려해야 한다. 아무리 듣기 좋은 목소리라도 너무 빨리 말하면 무슨 말인지 모르니 헛수고가 되고 만다. 너무 느리게 말해도 답답한 이미지를 줄 수 있다. 말의 분량도 두 사람이 대화하는데 너무 많이 하거나 적게 하는 것도 자칫 실례로 비칠 수 있으니 주의하는 게 좋다.

전문가들의 말에 따르면 사람이 듣는 소리의 범위가 20~20,000헤르츠라고 한다. 그중에서 대화를 주고받는 소리는 훨씬 범위가 줄어들어 100~5,000헤르츠이다. 또 가장 안정적인 목소리를 낼 수 있는 범위는 90~100헤르츠인데 다소 낮은 목소리를 갖춘 표준어를 쓰는 경우이다. 이런 목소리는 안정적인 느낌이 드는 것이라서 신뢰의 이미지를 준다.

강연을 오랜 시간 하면서도 안정적인 느낌을 주는 경우도 대부분 조용하고 일반적인 목소리인 경우가 많다. 경험이 많은 사람들은 초반에 이러한 목소리로 차분하게 강연을 시작한다. 그러다가 강조할 부분이거나 중요한 메시지를 전달할 때는 화자의 목소리에 힘이 실리고 톤도 높아진다. 조용히 듣고 있던 청중들도 덩달아 긴장하고 주목하게 된다. 연애하거나 장사를 할 때 흔히 말하는 '밀당'을 하듯이 목소리의 톤을 조절하며 청중들을 밀고 당기며 집중하게 한다.

경험이 적은 사람들은 처음부터 톤이 높다. 불필요하게 큰 목소리로 계속 소리를 지르듯 연설이나 강연을 한다. 점차 시간이 갈수록 목소리는 갈라지고 듣는 사람들도 피곤해진다. 강조하는 부분이 어디인지 구분이 안 되니 청중들의 집중력도 떨어질 것이다. 결국 강연이 끝날 즈음에는 강연자와 청중 모두 기운이 빠지고 쓰러질 듯한 피로감을 느끼고 만다.

그런데 안정적이고 신뢰를 줄 수 있는 다소 낮은 목소리가 좋다고 하니 목소리가 너무 큰 사람들은 어떻게 하느냐고 물어올 때가 있다. 큰 목소리가 무조건 나쁘다는 것도 편견이다. 큰 목소리의 장점은 에너지의 발산을 느끼게 해준다는 것이다.

열정이 넘치는 에너지를 전달하는 데 가장 좋은 톤은 아무래도 강한 힘이 실린 목소리이다. 이런 사람들은 굳이 그 소리를 죽이려고 너무 애쓰지 말고 매력을 느끼도록 포장을 할 필요가 있다. 즉 거칠게 큰 목소리를 내는 것보다 환하게 웃는 얼굴로 말을 한다든가 하면 화를 내고 야단치는 것 같다는 오해는 피할 수 있다. 억양이나 몸짓 등을 아주 경쾌하게 하면 명랑한 이미지를 줄 수도 있다.

목소리가 크다고 좋은 게 아니다

과거에는 웅변이 말하기의 대명사였다. 연단에 올라선 사람은 우렁찬 목소리로 주먹을 꽉 쥔 채 열변을 토해냈다. 목소리가 크면 클수록 좋은 것이라 여겨 저마다 목청껏 외쳐대는 것을 경쟁했던 시절이다. 특히 정치가들은 요즘도 웅변하는 모습을 보여준다. 선거 유세 때만 되면 확신에 찬 표정으로 얼굴이 빨개지도록 열변을 토해내려 애를 쓴다. 여의도 광장을 꽉 채운 대중에게 연설하던 시절에는 무슨 말인지 잘 알아들을 수 없었다. 사실 그때는 연설의 메시지가 정확하게 무엇인지는 그리 중요하지 않았을 수도 있다. 마이크를 통해 울려 퍼지는 정치인의 목소리에 열광하고 또 광장을 가득 메운 군중의 열띤 분위기에 취해 환호를 질렀다.

요즘은 과거처럼 무조건 목소리를 높일 필요가 없다. 연설이나 방송할 때 시설과 장비가 워낙 잘되어 있어서 큰 목소리가 아니라도 메시지를 충분히 전달할 수 있다. 또 예전만큼 다수 군중을 모아 선동할 기회도 많이 줄어들었다. 다양한 미디어의 발달로 일상적인 메시지의 전달이 대세로 자리 잡았다. 톤을 높이고 목소리를 크게 하면 성대를 다치기 쉽다. 남자들은 주로 배에서 소리를 내고 여자는 목에서 소리를 낸다. 목에서 소리를 내면 배에서 나오는 호흡으로 성대를 울려 말하지 못하고 목을 쥐어짜서 말을 하게 된다. 그래서 이런 상태로 말을 많이 하면 목이 쉬고 아프고 성대 결절이 생기기도 한다.

말을 많이 해야 하는 사람들이 가장 주의해야 할 것은 두말할 것 없이 목 상태이다. 텔레마케터, 교사, 방송인, 종교인 등 늘 사람들에게 말을 많이 하는 사람들은 목을 많이 쓰는 바람에 성대의 혹사를 피할 수 없게 된다. 그렇다고 갑자기 말을 줄일 수도 없는 노릇이다. 성대 결절이나 후두염 등 목과 관련한 질환은 혼자서 예방하거나 증상을 완화하는 방법이 있다. 소금물을 이용하는 것도 많이 알려진 방법이다. 냉수에다 약간의 소금을 타서 녹인 뒤에 목을 헹궈 목의 피로를 풀어준다.

나는 요즘 프로폴리스를 자주 이용한다. 공기가 나쁜 곳에 있었다든가, 강연이 많아 목이 무리했다든가 목감기 기운이 조금이라도 있으면 프로폴리스 한 방울을 목에 머금고 있다가 천천히 삼킨다. 냄새가 강해 처음엔 불편했다. 하지만 그 냄새가 플라시보 효과를 내 증상이 곧 가라앉는 느낌도 있다.

일상에서 목 관리 습관을 지니는 것도 중요하다. 말하기 전에 습관처럼 헛기침을 자주 하는 것과 같은 나쁜 습관은 자제하거나 고쳐야 한다. 어떤 사람은 말하는 것과 상관없이 버릇으로 기침한다. 이 또한 잘못된 습관이니 고치는 게 좋다. 음식이나 기호식품도 주의해야 할 대상이다. 술과 담배는 당연히 목에 좋지 않으니 끊는 게 좋다. 맵고 짠 자극적인 음식도 목의 점막을 자극할 수 있기 때문에 주의해야 한다.

건조한 환경에도 대비해야 한다. 물을 많이 섭취하고 먼지가 많은 곳은 되도록 피하여 공기를 통해 후두를 자극하지 않도록 신경 쓰는 것도 필요하다. 또 노래방이나 야구장처럼 소음이 심한 곳에서 노래하고 말하는 것도 목을 다치게 할 수 있다. 나도 모르게 목청을 키우며 말을 하기 때문이다.

말소리와 관련해 심리적 조절과 소리 크기의 조절이 모두 중요하다. 말을 많이 하는 직업이나 상황일수록 불필요한 말을 줄이는 것은 물론이고 흥분된 상태에서 말하는 것도 가급적 자제할 줄 아는 심리적 조절도 필요하다. 흥분된 상태에서는 목청도 올라갈 뿐더러 빨리 말하기 때문에 어차피 제대로 된 의사전달이 힘들다. 또한 작은 목소리라도 배에서 나오는 소리로 자신의 진심을 담아 안정된 감정으로 말하는 것이 중요하다. 이러한 소리의 조절이 무턱대고 목소리를 높이는 것보다 훨씬 더 큰 설득력과 공감을 가져다줄 수 있기 때문이다.

또렷하고 정확하게 발음하자

발음이 부정확하면 메시지 전달도 불명확해진다. 또한 부정확한 발음이나 뭉개지는 발음은 자신감이 떨어지거나 신뢰를 떨어뜨리는 것으로 비칠 수도 있다. 말하기의 기본은 정확한 발음이다. 아무리 좋은 내용과 아름다운 문장을 읊어댄다고 해도 발음이 좋지 않으면 아예 알아들을 수가 없으니 소용이 없다.

뉴스 시간에 아나운서들의 입 모양을 보면 입을 작게 벌리기보다 크게 입 모양을 내면서 발음한다. 정확한 발음의 시작은 먼저 입을 크게 벌려서 말하는 것이다. 훌륭한 성악가들은 입을 최대한 크게 벌리면서 노래한다. 어금니까지 보일 만큼 크게 벌리는 그들의 입에서 천상의 소리가 나온다. 뉴스 아나운서들도 일반인들이 평소에 말할 때보다 훨씬 더 크게 입을 벌리고 말을 한다. 그래야 정확하게 발음이 전달되기 때문이다. 가장 극명하게 보이는 게 "했습니다." "입니다." 등 '다'로 멘트가 끝날 때를 보면 입 모양이 "아" 하고 크게 벌리고 있다. 일반인들은 보통 말을 끝을 맺을 때 얼버무리듯 발음이 나온다. 입 모양을 제대로 하지 않아서 좋지 않은 발음이 나오는 것이다.

정확한 발음으로 말하는 것은 상대의 주의를 끄는 효과도 있다. 뭉개지는 발음으로 웅얼거리며 말을 계속 이어가면, 아무래도 주의력이 떨어지게 마련이다. 지금부터라도 입을 쫙쫙 벌려서 말하는 습관을 지녀보자. 아나운서 훈련을 받은 것 아니냐는 이야기를 들을 만큼 연습을 하여 또렷하게 의사전달을 하는 말하기의 프로가 되자.

입을 크게 벌리고 음가에 충실하게

한때 무성영화 전성기가 있었다. 무성영화는 말 그대로 소리가 나오지 않고 영상만 보여준다. 자막이나 혹은 변사가 무대에서 대사하거나 장면 설명을 했다. 그런데 화면과 함께 소리를 듣게 할 수 있는 유성영화가 등장한 뒤부터 무성영화의 스타 중에서 많은 이들이 은막에서 사라지고 말았다고 한다. 영상으로만 봤을 때는 뛰어난 연기와 외모로 많은 사랑을 받았지만 정작 목소리가 그동안 영상에서 보던 이미지와 너무 달랐던 것이다.

임유정의 『성공을 부르는 목소리 코칭』을 보면 멋진 외모와 연기에 비해 발음이 엉망인 배우의 사례가 잘 나와 있다. 어떤 멋진 액션 영화에 잘생긴 배우가 출연했다. 워낙 멋진 외모를 가진데다가 맡은 배역도 정의로운 주인공이니 관객들은 잔뜩 기대한다. 영화에서 주인공은 악당의 멱살을 잡고 말한다.

"사가해. 사가해!"

잠깐. "사가해."라니 이게 대체 무슨 말인가? 알고 보니 잘못을 "사과해!"라고 말한다는 게 자꾸만 "사가해!"로 발음이 되는 것이다. 그러자 아무리 심각한 상황의 느와르 장면이라고 해도 한순간에 코미디로 바뀌고 말았다. 또 악당이 총을 들이대며 위협을 하는 장면에서 주인공은 비장한 얼굴로 외친다.

"이 비겁한 놈아! 어디 한 번 싸바. 싸보란 말이야!"

"쏴봐!"라고 말해야 하는 비장한 장면에서 관객들은 헛웃음을 지을 수밖에 없다.

구강구조의 문제가 아니라면 그 배우는 미리 대본 연습을 하지 않았던 것을 스스로 고백하는 것밖에 되지 않는다. 설령 평소에 혀 짧은 목소리를 내더라도 연습으로 극복이 가능하다. 'ㅅ' 발음을 자꾸만 'th' 발음으로 하는 사람들도 입을 크게 벌려서 입 안의 공간을 가능하면 크게 하고 발음하면 훨씬 나아진다. 혀가 바닥에 확실히 깔리며 공간이 커져 혀 짧은소리를 방지할 수 있다.

입을 크게 벌려서 음가, 즉 단어의 발음소리에 맞춰 충실히 발음하는 것이 가장 기본이다. 턱을 아래로 최대한 내리고, 자신의 엄지손가락 길이만큼 위아래로 입을 크게 벌려 "아~"라고 발음해보자. 앞서 말했듯이 대부분의 사람들은 입을 이렇게 크게 벌려서 발음하지 않는다. 그렇기 때문에 발음이 뭉개지듯 들릴 때가 잦다.

"오"와 "우"는 입술을 가능한 한 가장 조그맣게 하여 동그랗게 오므리면서 발음을 한다. 우리말의 모음인 "ㅏ, ㅔ, ㅣ, ㅗ, ㅜ"를 음가대로 입을 크게 벌려 여러 번 발음해보면 익숙해진다. 이런 연습을 마치고 나면, 모음 발언을 '가나다라' 자음에 맞춰 각각의 모음별로 발음해본다. 아나운서 김은성의 『이 남자가 말하는 법』을 보면, 모음과 자음을 표로 만든 게 있다. 이 표를 보면서 발음 연습을 반복하면 좋다. 예를 들어 "고노도로모보소" "나네니노누" 등으로 발음한다.

일상에서 말하는 것 중에서 적당하게 애매한 발음을 하게 되는 경우가 있다. 대표적인 것이 이중모음 "ㅘ"이다. "오"와 "아"를 빠르게 합치듯 아주 정확하게 발음을 해야 깨끗하게 들린다. 또 "ㅎ"도 정확하게 발음해야 한다. 우리는 자랑스러운 '대한민국' 국민이지, '대암밍국' 국민이 아닌 것이다. 받침으로 사용하는 'ㄴ'도 깔끔하게 하려고 의식적으로 노력하는 게 좋다. 신문을 본다고 말한다는 게 '심문바'라고 하면 마치 경찰에 끌려가 조사를 받는 것으로 오해할 수 있다. 예전에 전직 대통령 중의 한 분이 '관광도시'를 분명하게 발음하지 않아 듣는 국민이 난처해했던 적도 있었다.

입에 볼펜까지 물어가며 연습할 필요도 없다. 일상에서 자연스럽게 말하는 과정에서 정확하고 또렷하게 발음하려고 의식하며 노력하는 게 중요하다. '와', 'ㄴ'과 'ㅎ' 등의 발음을 깔끔하고 정확하게만 해도 말하는 사람의 이미지는 훨씬 품위 있게 보일 것이다.

발음을 잘하는 것은 운동선수가 굵은 땀을 흘리며 연습하는 것과 다를 게 없다. 자음과 모음의 발음이 익숙해지면, 단어와 문장을 가지고 정확한 발음을 할 수 있도록 연습해야 한다. 예를 들어 단어는 "사과, 선물, 대한민국, 집적회로, 지도자들이, 어린이날, 스튜어디스" 등을 자꾸 여러 번 발음해본다. 그리고 문장도 어려운 문장을 적어놓고 자꾸 연습하는 것이 좋다. 어릴 적에 했던 "간장공장 공장장은 강 공장장이고 된장공장 공장장은 장 공장장이다."라는 문장을 놀이하듯 친구와 발음했던 경험이 있을 것이다. 이런 문장처럼 발음이 꼬이거나 헷갈릴 만한 문장을 적어 놓고 여러 번 반복하는 훈련이 필요하다.

음가에 맞춰 발음하는 것은 어렸을 적 아이들의 말하기 연습과 비슷하다. 아이들이 말을 처음 배울 때처럼 천천히 또박또박 발음 연습을 하다가 입에 익었다 싶을 때는 빨리 발음을 해본다. 이렇게 꾸준히 연습하면 아나운서 뺨치는 수준의 말하기를 할 수 있게 된다.

같은 단어, 다른 발음

아나운서처럼 전문적으로 말하기를 배운 사람들 말고는 조사 '의'의 발음을 제대로 하는 사람을 찾기가 어렵다. '의' 발음은 세 가지 경우에 따라 각각 다르게 발음한다. 먼저 첫소리로 나오는 '의'는 이중모음으로 '으'와 '이'를 재빨리 연달아서 발음해야 한다. 예를 들어 '의사'는 '으이사'로, '의용군'은 '으이용군'으로, '의대'는 '으이대'로, '의무'는 '으이무'로 발음한다.

두 번째는 조사로 사용할 때이다. 조사로서 사용하는 '의'는 '에'라고 발음한다. '나의 살던 고향은'은 '나에 살던 고향은'으로 발음한다. '나의 조국'은 '나에 조국', '우리의 소원'은 '우리에 소원'으로 발음해야 맞다. 요즈음은 '의'와 '에'를 혼용해서 사용하기를 허용하기도 하지만, 말하기에서는 '에'라고 발음하는 것이 훨씬 편하다는 것을 느낄 수 있다. 마지막으로 '의의'처럼 두 개의 '의'가 겹칠 때 첫 음은 음가를 전부 발음하여 '의', 둘째 음절 이하의 '의'는 '이'라고 발음한다. 그래서 '의의'는 '의이'라고 발음해야 한다.

같은 '의'라고 해도 이렇게 발음이 제각각이다. 그렇다면 '민주주의의 의의'를 한번 발음해보자. '의'가 여러 번 나오니 다소 복잡하게 보이지만, 앞에서 말한 규칙대로 잘 따라 발음해본다. '민주주의의 의의'는 '민주주이에 의이'라고 발음해야 정확한 것이다. 가끔 특정지역 출신의 사람들이 '나의 고향'을 '나으 고향' '우리의 소원'은 '우리으 소원'이라고 발음한다. 특히 '으'를 아주 강조하여 말한다. 그러나 어떤 경우에도 '으'라는 발음은 없다. '으사' '으자' '으심' 등으로 발음하는 것은 표준어에는 없다.

발음을 어렵게 하는 단어 중에는 어려운 지명이나 사람 이름이 있다. 특히 외국어로 된 지명과 이름은 발음하기가 어렵다. 외국의 소설한 권을 읽을라치면 여러 지명과 등장인물의 이름을 곧이곧대로 발음하는 것이 힘들다. 소리를 내어 책을 읽는 방식이 발음에도 상당한 도움이 된다.

초등학생 시절에는 수업 중 자리에서 일어나서 책을 읽는 시간이 있었지만, 어른이 된 후에는 소리를 내어 책을 읽는 경우는 거의 드물다. 그렇지만 소리를 내면서 읽는 게 발음 훈련에 도움이 되니 혼자 있을 때 소리를 내어 책을 읽는 습관을 지니는 게 좋다.

발음과 함께 단어의 정확한 사용도 신경 써야 한다. 예를 들어 '가르치다'와 '가리키다'를 헷갈리는 사람들이 뜻밖에 많다. 가르치는 것은 '학생들을 가르치다'이고 가리키는 것은 '손가락으로 방향을 가리키다'의 의미이다. 또 '다르다'와 '틀리다'의 사용도 구별해야 한다. 예를 들어 피부색은 '다른' 것이지 '틀린' 것이 아니다. 그런데 자꾸 '틀리다'고 말하는 것은 오만하고 편견에 가득 찬 사람으로 오해받을 수 있다.

정확한 발음과 상황에 따른 단어의 선택은 소통의 기본이다. 일상적인 연습과 습관으로 정확한 말하기와 소통으로 자신의 의사를 제대로 전달해야 메시지도 신뢰받을 수 있다는 것을 잊지 말아야 한다.

무엇을 말할 것인가

"아나운서를 하셔서 그런지 말을 참 잘하시네요."

내가 그동안 살면서 가장 많이 들었던 이야기가 말을 잘한다는 것이리라. 아나운서, 선거, 그리고 대학 강단까지 성인이 된 후부터 말하기는 나와 뗄 수 없는 관계가 되고 말았다. 그러나 말을 참 잘한다는 말을 듣다 보면 간혹 그 말의 의미가 무엇인지 고민할 때가 있다.

말을 잘한다는 것이 막힘이 없이 술술 말을 이어가는 것을 의미하는 것일까? 오랫동안 말하는 것을 직업을 삼았고 또 전문적인 훈련과 연구를 했으니 어쩌면 이런 모습은 당연할 것이다. 그러나 나는 늘 말할 때마다 긴장한다. 호흡을 가다듬고 사람들의 눈을 바라본다. 저 사람들이 나의 외적인 모습이나 말솜씨보다 메시지를 정확하게 이해해줬으면 하는 간절한 바람이 앞선다.

스피치 커뮤니케이션을 연구하고 그 내용을 사람들 앞에 알리려는 이유는 단 한 가지의 목적 때문이다. 바로 듣는 사람들이 '변화된 삶'을 살게 되었으면 하는 것이다. 지금처럼 불안과 혼돈의 시기에서 자신의 꿈과 도전을 이뤘으면 하는 바람이 크다. 좌절과 포기의 삶을 원망하는 것보다 앞으로는 더 나은 미래가 기다리고 있을 테니 지금 나를 변화시켜 도전하겠다는 마음을 간직했으면 한다.

가벼운 말이 판을 치고 있고 가벼운 말만큼이나 무게감이 없는 처세술이 주목을 받고 있다. 묵묵히 자신의 자리에서 꿈과 의지를 키워가는 사람은 미련하다고 손가락질을 받는다. 그러나 소통은 가볍게 보이더라도 그 속의 알맹이는 결코 가벼워서는 안 된다. 나의 내면적인 가치가 가벼울 리가 없고, 상대의 진정성도 무시할 만큼 하찮은 것이라 할 수 없다. 따라서 소통은 그 형식이 가벼워도 묵직한 삶의 무게와 진정성을 담고 있어야 한다.

국민 MC라고 인정받는 유재석 씨는 방송에서 재치 있는 말솜씨를 보여준다. 때로 깐족대는 모습조차 거리낌 없이 드러내며 사람들에게 웃음을 준다. 그런데 인터넷에 '유재석의 소통의 법칙'이란 게 올라와 있다. 그중에서 "귀를 훔치지 말고 가슴을 흔드는 말을 하라. 듣기 좋은 소리보다 마음에 남는 말을 하라"는 구절이 있다. 실제로 그가 한 말인지는 출처가 명확하지 않다. 하지만 만약 이 말을 그가 했다면 그가 롱런하는 비결이 이해가 된다. 늘 웃음을 제공하는 일을 직업으로 삼고 있는 유재석 씨도 달콤한 말보다 가슴을 울리는 말을 더 중요하게 여긴다. 진정한 말의 달인은 이와 같이 어떤 말을 해야 하는지를 잘 알고 있다. 진정성을 담은 말이 가슴을 울릴 수 있다.

나는 여전히 "무엇을 말할 것인가?"라는 질문을 간직하고 산다. 말의 달인이 아니라 진실과 진정성을 제대로 전달하는 메신저가 됐으면 한다. 이 책을 읽는 독자들도 화려한 언변의 '기술자'보다 의미 있는 메시지를 전달하는 '메신저'가 되기를 바란다.

참고도서

Eggerichs, Emerson, Cracking the Communication Code, Thomas Nelson, 2007

Glass, Lillian, He Says, She says, Perigee Trade, 1993

McNeill, Daniel, The Face, Back Bay Books, 2000

Rothschild, Jennifer, Self Talk, Soul Talk, Harvest House Publishers, 2007

Thomas, Marlo, et al. The Right Words at the Right Time, Atria Books, 2002

Towns, Elmer L, How God Answers Prayer, Destiny Image, Inc., 2009

게리 채프먼, 『십대를 위한 5가지 사랑의 언어』, 장동숙 옮김, 생명의말씀사, 2001

김병삼, 『하나님을 눈물 나게 하는 이야기』, 프리셉트, 2008

김상준, 『방송언어연구』, 커뮤니케이션북스, 2005

김은성, 『이 남자가 말하는 법』, 김영사, 2011

김은성, 『마음을 사로잡는 파워 스피치』, 위즈덤하우스, 2007

김정운, 『나는 아내와의 결혼을 후회한다』, 쌤앤파커스, 2009

나선희, 『따뜻한 말로 이겨라』, 알에이치코리아, 2011

다나카 우루베 미야코, 『마음 클렌징』, 이재화 옮김, 눈과마음, 2010

대니얼 맥닐, 『얼굴』, 안정희 옮김, 사이언스북스, 2003

댄 히스·칩 히스 공저, 『스틱!』, 박슬라 외 1명 옮김, 엘도라도, 2009

데보라 노빌, 『감사의 힘』, 김용남 옮김, 위즈덤하우스, 2008

데이비드 슈워츠, 『크게 생각할수록 크게 이룬다』, 서민수 옮김, 나라, 2009

데일 카네기, 『데일 카네기의 성공대화론』, 권오열·강성복 옮김, 리베르, 2009

로렌스 형제, 『하나님의 임재연습』, 오현미 옮김, 좋은씨앗, 2006

롤프 가복, 『하루에 한번 자녀를 축복하라』, 이기승 옮김, 두란노, 2011

루이자 메이 올콧, 『작은 아씨들』

릭 워렌, 『목적이 이끄는 삶』, 고성삼 옮김, 디모데, 2003

마빈 칼린스·조 내버로 공저, 『FBI 행동의 심리학』, 박정길 옮김, 리더스북, 2010

마티아스 뇔케, 『결정적 순간 나를 살리는 한마디 말』, 장혜경 옮김, 갈매나무, 2010

말콤 글래드웰,『블링크』, 이무열 옮김, 21세기북스, 2005

문재완,『언론법』, 늘봄, 2008

바버라 에런라이크,『긍정의 배신』, 전미영 옮김, 부키, 2011

신은경,『9시 뉴스를 기다리며』, 김영사, 1992

양은순,『사랑과 행복에의 초대』, HOME, 1994

에모토 마사루,『물은 답을 알고 알고 있다』, 양억관 옮김, 나무심는사람, 2002

엘런 피즈·바바라 피즈 공저,『말을 듣지 않는 남자 지도를 읽지 못하는 여자』, 이종인 옮김, 김영사, 2011

오 헨리,『마지막 잎새』

윌라 캐더,『대주교에게 죽음이 오다』, 윤명옥 옮김, 열린책들, 2010

유정아,『유정아의 서울대 말하기 강의』, 문학동네, 2009

이성호,『부모가 하지 말아야 할 21가지 말』, 이너북스, 2011

임유정,『성공을 부르는 스피치 코칭』, 원앤원북스, 2013

임태섭,『스피치 커뮤니케이션』, 케뮤니케이션북스, 2010

잭 켄필드·마크 빅터 한센 공저,『마음을 열어주는 101가지 이야기2』, 류시화 옮김, 이레, 2001

제인 오스틴,『오만과 편견』

조이 도우슨·이상신,『하나님을 경외하는 마음』, 양혜정 공역, 예수전도단, 2008

조지 오웰,『1984』

조현삼,『말의 힘』, 생명의말씀사, 2007

존 그레이,『화성에서 온 남자, 금성에서 온 여자』, 김경숙 옮김, 동녘라이프, 2010

존 스튜어트·캐런 제디커·사스키아 비테본 공저,『소통』, 서현석·김윤옥·임택균 공역, 커뮤니케이션북스, 2015

존 트렌트·게리 스몰리 공저,『축복의 언어』, 최예자 옮김, 프리셉트, 2009

존 파이퍼·저스틴 테일러 공편,『당신의 입을 거룩하게 하라』, 전의우 옮김, 두란노, 2010

찰스 캡스,『혀의 창조적 능력을 사용하라』, 오태용 옮김, 베다니, 2004

최에스더,『성경 먹이는 엄마』, 규장, 2006

최익용,『리더십이란 무엇인가』, 스마트비즈니스, 2005

톰 브라운,『혀의 권세』, 전의우 옮김, 나침반사, 2010

폴 호크,『왜 나는 계속 남과 비교하는 걸까』, 박경애·김희수 옮김, 소울메이트, 2015

필립 안시 엮음, 『영감을 선물한 스승들』, 두란노, 2005

한국CCO클럽, 『한국경제를 만든 이 한마디』, 프리이코노미북스, 2015

헨리 나우웬, 『제네시 일기』, 최종훈 옮김, 포이에마, 2010

헨리에트 앤 클라우저, 『종이 위의 기적 쓰면 이루어진다』, 안기순 옮김, 한언, 2010

후쿠다 다케시, 『통하는 커뮤니케이션』, 전경아 옮김, 시그마북스, 2009

신은경의 차차차

초판 1쇄 인쇄 2016년 6월 10일
초판 1쇄 발행 2016년 6월 15일

지은이 신은경
펴낸이 안현주

경영총괄 장치혁 **마케팅영업팀장** 안현영
디자인 표지 twoes 본문 dalakbang

펴낸곳 클라우드나인   **출판등록** 2013년 12월 12일(제2013 - 101호)
주소 우) 121 - 898 서울시 마포구 월드컵북로 4길 82(동교동) 신흥빌딩 6층
전화 02 - 332 - 8939   **팩스** 02 - 6008 - 8938
이메일 c9book@naver.com

값 15,000원
ISBN 979 - 11 - 86269 - 47 - 3 03320